父母平和 孩子快乐

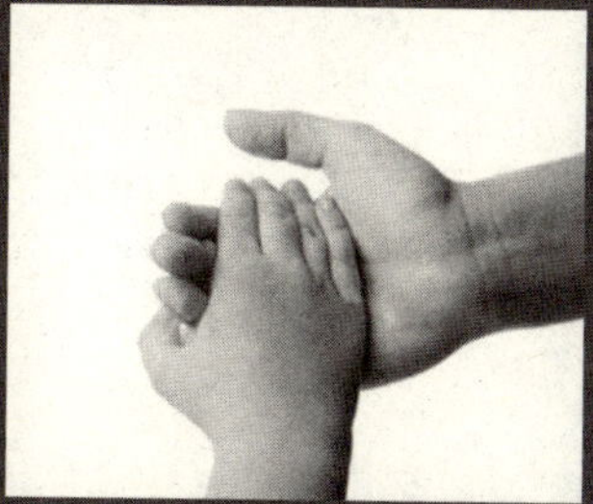

如何停止吼叫，与孩子建立理想关系

Peaceful Parent, Happy Kids

——How to Stop Yelling and Start Connecting

[美] 劳拉·马卡姆博士 Dr. Laura Markham ◎著　刘海青◎译

《心灵鸡汤》系列作者杰克·坎菲尔 Jack Canfield◎作序

上海社会科学院出版社

献　给

丹尼尔（Daniel）、伊莱（Eli）和爱丽丝（Alice），

你们教会了我如何去爱。

献　给

天下所有父母，

你们的爱塑造了下一代，

并将改变人类——

你们肩负着我们的未来。

深爱孩子的父母将改变下一代的思想，继而改变整个世界。

——查尔斯·雷森（Charles Raison）

各方赞誉

劳拉·马卡姆博士告诉我们如何与孩子建立强有力的联系。如果我们都能按劳拉博士具有创新性和务实性的建议去做，完全可以改变整个世界。

——佩吉·奥玛拉（Peggy O'Mara），Mothering.com 网站创始人

《父母平和 孩子快乐》能够改变你的育儿生活。劳拉·马卡姆博士和我们分享的育儿见解均为业内首见。她告诉我们如何从教育角度出发，充分展示爱心，正确引导孩子，避免育儿心理疲劳。

——佩蒂·维普弗勒（Patty Wipfler），HandinHandParenting.org 网站创始人

劳拉博士通过言传身教，在增强父母感情的同时，向他们讲述了极其珍贵、简单实用的育儿策略，让父母与孩子轻松建立安全、健康的亲子关系。

——丽萨·帕克（Lysa Parker）和芭芭拉·尼克尔森（Barbara Nicholson），

亲密育儿国际创始人，《发自内心的爱》（*Attached at the Heart*）作者

劳拉·马卡姆博士认为，育儿重在与孩子建立联结，悉心指导，而非控制孩子，这些都是非常重要的见解，能够彻底改变你为人父母的生活。她解释了父母应首先端正自身思想然后才能教育孩子的原因。这是一个革命性的理念。仔细阅读本书，你一定能够明白，她为何满怀喜悦地称呼自己的工作为“啊哈！育儿”。

——劳伦斯·J·科恩博士（Lawrence J.Cohen, PhD），

《快乐育儿》（*Playful Parenting*）作者

劳拉·马卡姆博士的作品务实、易用、富有开创性。为自己沏一杯咖啡，找一把舒适的椅子，结识一位新朋友，聆听这位母亲充满智慧的育儿真经吧！

——杰奎琳·格林（Jacqueline Green），

《超棒育儿秀》（The Great Parenting show）主持人

本书为稀缺资源。它给我们以鼓励，为父母提供了方便实用的育儿建议，帮助他们增强与孩子的纽带，同时更好地关爱自己。它帮助父母清晰地认识到，他们今天的所作所为，将对孩子的明天产生何种作用和影响。而且本书的口气既温和又亲切，这是感到身心俱疲的父母所能使用的一种友好的育儿方式。

——丽莎·森伯里（Lisa Sunbury），RegardingBaby.org 网站创始人

这是一本精心编写、通俗易懂、脍炙人口的著作，它字斟句酌，每一个案例和每一条建议都体现着劳拉·马卡姆博士的热情、智慧、学识、爱心和理解。从有效管理愤怒、“倾听你的愤怒，不要受其控制”，到我最喜欢的字句“你孩子的行为像个孩子，因为他的确就是个孩子”，你会发现，你找到了一本真正的育儿圣经。谢谢你，劳拉博士。

——苏姗·内森牧师（Rev. Susan Nason），育儿教育家和顾问

我的整个家庭关系得到了充分改善，这主要归功于劳拉·马卡姆博士和 AhaParenting.com 网站。我想说，你改变了世界，希望你不会觉得我说的是陈词滥调。

——詹妮弗·安德森（Jennifer Andersen），OurMuddyBoots.com 网站创始人

我曾四处搜寻理性、简单、有效、适用的育儿指南，它不会让我感到内疚，能够引起我的共鸣，在我最需要的时候能够轻松想起。劳拉·马卡姆博士的著作完全满足了我的要求。按照你书中讲述的方法，我和我 4 岁孩子的关系改善了千百

倍。你以简便易行的方式告诉我们如何表达对孩子的爱，对我来说，这是一场真正的革命。

——丹妮拉（Daniela），2 岁和 4 岁女孩的母亲

按照你提供的建议，我的儿子已经很少再发脾气。劳拉博士的建议真的很有效，让育儿变得轻松愉快（我敢说，孩子也很快乐）。我做得并不完美，但是她的确教给了我很多东西，让我对儿子的教育变得更加容易。

——比阿特丽斯（Beatrice），2 岁男孩的母亲

你让我改变了自己，这是我以前无法想象的。你的著作让我首先思考了自己的身份，然后让我分析了教育孩子的关键。

——金伯利·伊维特·普莱斯（Kimberley Yvette Price），
TheSingleCrunch.com 网站创始人

劳拉博士，我向我认识的每一个人，甚至陌生人，讲述了你的平和育儿方法。你追求的并非短暂的轰动效应，而是致力于创造亲情联结，爱心时刻，与孩子分享真正的情感。谢谢你，劳拉·马卡姆博士，感谢你与我们分享了如此众多的育儿知识和爱心展示方法。

——卡丽·B（Carrie B.），两个 4 岁以下男孩的母亲

目录
Contents

第二部分 建立联结

第三部分　引导而非控制

序 言
我们养育的是孩子，不是鲜花

一天早晨，在观察戴维教他 7 岁儿子凯利在院子里推气动割草机的过程中，我的邻居们给我上了很好的一课。当戴维在草坪一端教给儿子如何让割草机掉头时，他的妻子简喊他询问一个问题。戴维回头说话时，凯利将割草机径直推进了草坪旁边的花坛，鲜花被夷为平地，凭空开辟出了一条两英尺宽的小路！

看到刚刚发生的一幕，戴维顿时火冒三丈。他投入了大量时间和精力打理这些鲜花，最终才成为邻居艳羡的目标。他的嗓门提高了八度，准备厉声斥责可怜的凯利。简马上跑过去，一只手放在他的肩头说："戴维，请记住：我们养育的是孩子，不是鲜花！"

我曾用了 40 多年时间，激励和引导成千上万的人们，帮助他们实现自己的职业和个人目标。对于大部分人来说，一个最具挑战性的目标就是，培养一个有思想、有能力、有激情的孩子——并在孩子的青少年时期，与其建立真诚、亲密、快乐的关系。我相信，你肯定知道，这绝非易事。

在讲座过程中，几乎每天我都能看到成年人在努力治疗和克服童年时期伤痛造成的影响。他们的父母都是坏人吗？不是。与我们大多数人一样，他们的父母都是好人，但是童年时期的经历限制了他们的后天发展。他们经常忘记，他们养育的是孩子，不是鲜花。或者说，他们从未认真想过，怎样才能成为优秀的父母。

我教授和指导的父母们经常竭力希望打破这些循环，希望为孩子创造崭新的开始。但是，最美好的初衷并不足以治愈昔日的伤疤。我们希望给孩子以启迪，成为态度平和的父母。然而，极度亢奋的文化和压力重重的时代，让这一过程变得极为艰难。有时，我们过分纠结于自己的情绪和压力，哪怕孩子犯下的一个不起眼的错误，都会让我们失去控制。当我们失去控制时，应该默念优秀父母遵守的准则：再耐心一点儿，再放松一点儿，不要吼叫，多一点儿鼓励和支持。不过，说起来容易，实际实现这些目标却十分艰难。

成功的父母似乎都有一个秘诀，他们更加平和与镇定，与孩子以及内心的智慧有着更强的联系。他们并非只是更加耐心，与孩子在一起时，他们似乎更有活力，更加快乐。当然，他们的孩子也更加优秀。因此，他们根本不必咬紧牙关，努力保持耐心。当他们的孩子用割草机铲掉鲜花，他们内心一直牢记，最重要的是如何教育孩子，而不是自家花园多么美丽，多么让人羡慕。

《父母平和 孩子快乐》引导我们深入了解成功育儿的秘诀。如果你能认真阅读任何一章，仔细咀嚼其中透彻、适用和富于启迪的文字，你便会发现，劳拉·马卡姆博士使我们的精神更加充实，让我们将自己最优秀的品质展示给孩子，而不是相反。“平和父母培养快乐儿童”等章节，让我们重温这一深刻但经常被人遗忘的真理。

根据我的经验，父母通常都没有太多时间用于阅读。本书的优点在于，劳拉·马卡姆博士专门编写了“行动指南”。这些都是作者智慧的结晶，非常精练，片刻即可读完，可以是上床睡觉前、等车的时候，或者是努力克制自己、稍事镇定然后再去接近孩子的时候。本书结构循序渐进，像“孩子失控时你如何保持冷静”、“利用联结让孩子轻松入睡”等章节，都非常简明扼要，即使在“战争”进行到白热化时，你都能轻松阅读和实施。

当然，父母和孩子之间永远不会真正发生“战争”。所谓的“战争”，只是父母内心矛盾冲突的余波而已。向孩子展示我们最优秀的品质，要求我们首先做一些内在的功课，解决内在的冲突，这绝非一个易于对付的挑战。但是，还有什么比我们对孩子的爱更能促使我们去做这些功课呢？劳拉·马卡姆博士为我们这些做父母的提供了一大批自我疗伤的策略，使我们能够强化与真实自我的联系，从而使我们能够更容易地建立我们渴望已久的与孩子更为深刻的联系。正如她提醒我们的那样，无论何时，拥有快乐的童年都不晚。

将劳拉·马卡姆博士的著作放在你的床头，就像有一位天使站在你的肩头，不断对着你的耳朵讲述教子秘诀。这些是每一位父母都应知道的秘诀，有了它们，你会变得更加平和高效，也会更加快乐。

杰克·坎菲尔（Jack Canfield）
《心灵鸡汤之父母的心灵》（*Chicken Soup for the Parent's Soul*）和
《心灵鸡汤之母亲的心灵》（*Chicken Soup for the Mother's Soul*）作者

引 言　平和父母的秘诀

生儿育女是我们面临的最艰难的事之一。日常生活压力让众多父母倍感愧疚，他们觉得，如果时间再多一点儿，如果不是那么劳累，如果知道从何开始，他们在教育子女方面的表现就会更好一些。人类本不应该承受现代生活给予我们如此繁重的压力，它让我们难以倾听自己的育儿本能。好像我们只能在闲暇时间照看孩子，需要在完成工作要求、上下班和家务责任后，才能教育孩子。更为糟糕的是，我们的文化侵蚀了我们与孩子的关系，并在年纪轻轻时将他们赶出家门。

然而，有一些父母虽然时间也不充裕，却培养出了非常优秀的孩子。他们似乎在育儿方面表现得非常平和，他们的孩子似乎都在顺利成长。他们有什么秘诀？什么因素让他们的孩子成长为如此出色的少年和成人？如果你明白了他们的做法，并运用于自己的育儿实践中，结果会怎么样？

你可以这样做。这些父母都有秘诀。事实上，他们头脑中拥有完整的秘密生活。他们与孩子谈话的方式不同，他们与自己谈话的方式不同，他们以全新的方式处理孩子教育问题。你可能知道，他们都有与众不同的个人经历，改变了他们教育孩子的方式。这种改变使我们对孩子的认识和对孩子的反应，在所有层面都表现出不同的品质。我们可以将其概括为三个重要理念，虽然这三个理念非常重要，但是相当简单，也可以复制，每一位父母都可以学习。

三个重要理念

1. 自我调整

许多父母认为，只要孩子行为“正常”，我们便能维持父母的“体面”。事实上，只有恰当管理我们自身的情绪和行为，才能具备平和父母的品质。从根本上来说，我们不能控制孩子，也不能控制生活之手对待他们的方式；但是，我们永远可以控制自己的行为。育儿绝非仅仅局限于孩子的行为，更重要的是，我们对他们的行为如何反应。事实上，我们所说的育儿，绝大多数并不是发生在父母与孩子之间，而是发生在父母本身。当风暴酝酿之时，父母的反应既可以促使它烟消云散，也可以使其发展为一场大规模海啸。以足够的冷静面对孩子的行为，以及背后的感情风暴，要求我们不断成长。如果我们能够正确应对这些时刻，当我们的情绪按钮按下时，不是被动应对，而是主动反应，我们便能注意到我们何时已经失去情绪平衡，引导自己重新回到正确的轨道。这种内在的成长极为艰难，但是它能促使你成为一名更加平和的父母，每天都有所进步。

我们所讲的“顿悟时刻”是说，一个成年人的平和心态对孩子的影响，远远超过对他们大呼小叫。你的情绪调整，是一种奇妙的告诫自己保持镇定的能力，允许你能够镇定地、尊重地、可以信赖地对待你生活中的每一个人，包括小人物。本书第一部分将为你提供管控自身情绪的工具，即使孩子让你忍无可忍时，也能帮助你保持克制。

2. 建立联结

如果孩子有依附感，能够被理解，便会茁壮成长。育儿的首要关键在于你与孩子建立联结。就是这么简单。否则，我们对孩子的影响十分有限（“我的孩子就是不听话！”），育儿会变成一件苦差事，孩子也不会感恩。孩子需要与父母建立深刻的联系，否则他们会感到很不安全，他们的思想也不会正常工作，无法调整自己的情绪，倾听父母的引导。所以，将联结放在首位，不仅让孩子更加快乐，而且教育起来也更容易。你是否做好了迎接“顿悟时刻”的准备？让父母内心溶化的这种联结，能够让育儿过程充满快乐。在本书的第二部分，你将了解如何强化与孩子的联结，并使之变得更加温馨美好。

3. 引导而非控制

和成年人一样，孩子对武力和控制具有反叛本能。幸运的是，他们总能敞开心扉面对我们的影响，前提是他们尊重我们，并对我们有依附感。培养优秀儿童的秘诀在于引导——引导他们的情绪、管理他们的行为、发展自主能力，而不是试图对他们实施控制，希望让他们马上驯服。善于思考的父母都知道，他们今天的行为对孩子的成长既可能有所助益，也可能形成障碍。他们实施“情绪引导”，帮助孩子有效开发情商，更好地处理情绪，理智决策。他们运用同理心进行限制，而非惩罚——甚至只是限制他们的活动和相应后果——以此引导孩子的自律精神，而不是强制他们服从。他们坚持核心价值观，所以他们不会牺牲可敬的关系和珍贵的家庭时间，但是他们也不会为了一点儿小事斤斤计较。这会让父母更加平和，孩子更加快乐。“顿悟时刻”的意义在于，引导式教育从长远来看效果最佳，可以培养更加快乐和更有责任心的成年人，从更长远来看，比传统教育方式培养孩子自我克制和善于配合效果更好。本书第三部分将告诉你，你为何以及如何培养这样的孩子。

本书的独特之处

绝大多数育儿图书都把焦点放在了如何纠正孩子的行为上。诚然，本书也会帮助你鼓励自己的孩子，让他们实现最优秀的自我发展。但是，我们将依照三个重要理念来处理这一问题——自我调整，建立联结，引导而非控制。你会发现，这三个重要理念始终贯穿本书，也是第一、二、三部分各自的重点。由于你必须控制自己的动机和情绪，才能更加有效地引导和联结自己的孩子，你会发现本书始终会提醒你进行自我调整，确保自己处于平和状态，然后再去干涉孩子的行为。由于建立联结位于平和育儿的核心，你会发现本书一直在强调亲子关系，无论你希望清晨让他们离开家，还是阻止他们相互打斗，都起着十分重要的作用。

第三部分引导而非控制，是本书篇幅最长的部分，以孩子为中心展开讨论。但是，本书没有讲述如何利用惩罚和“贿赂”控制和操纵他们的行为，你会发现它提出了一系列循序渐进的方法，指导你如何引导孩子，支持他的短期和长期成长目标，使他成为一个更加自信、坚韧、自律和高情商的人。我们将重点关注你与孩子的日常互动内容，这些内容分为三个基本类型，每一个都单独分章介绍。下面，我们来看一段预览：

☆ 情绪引导。与身体一样，年幼儿童的大脑还在发育之中。因此，他们的理性大脑中心还不足以控制自己强烈的情绪。不论我们是否有所意识，我们在一直不断地向孩子传递情绪信息——暗示他们既危险，又存在人性缺陷。我将为你提供简便易行的工具，帮助你引导自己的孩子，让他们更好地控制自己的情绪，并最终实现控制行为的目的。

☆ 关爱式引导。孩子依靠我们引导他们面对这个庞大而混乱的世界。然而，我们自身的童年经历和文化传统告诉我们，应该借助惩罚、武力和控制来引导孩子。代替威胁（一、二、三……）或者操纵方式来控制孩子的方法，应该是深入发掘他们行为背后的真相，以及深层次的情绪。我将帮助你解决这些情绪问题，培养孩子的情商，让他们学会控制自己的情绪以及行为，从而实现自律意识。如果你正在寻找一种更加积极的自律教育方法——让孩子的行为更加主动积极——本章正是你所需要的。

☆ 培养自主性。孩子天生好奇，但是我们常常伤害他们的学习欲望。以本书讲述的建立联结、情绪引导和积极指引为基础，最后一章将为你提供一些工具，保护孩子天生的好奇心，支持他们刚刚萌芽的兴趣爱好，同时鼓励他们培养成功人生应该具备的信心与毅力。

分析上述每一个话题时，我们都会利用我们提出的三个重要理念，提升你与孩子的每一次互动质量。在每一章中，针对孩子的每一个发展阶段，我都会提出一些具体的实实在在的方法，帮助你将这些理念运用于实际生活之中。通读孩子的每一个发展阶段，将会帮助你更加清晰地理解，你对孩子婴儿时期的安慰，正确处理他蹒跚学步时期的情绪爆发，能够非常有效地帮助他在 4 岁时忍受挫折，在 6 岁时与兄弟姐妹友好相处，在 8 岁时勇敢面对顽劣儿童。事实上，虽然本书只分析了 9 岁以前的儿童，但是你肯定已经知道如何避免他们在 12 岁时夺门而出，在 15 岁时远离毒品。每章结尾都有行动指南——它们是一些非常具体的育儿计划，帮助你解决育儿过程中遭遇的日常挑战。我希望你根据自己家庭的实际情况，充分实践、积极运用、灵活调整。

在每一章，你还会看到我们如何运用这三个重要理念，帮助你寻找更为平和、自信和快乐的育儿方式。这是一件艰难的工作。但是，你会得到回报。当你减少吼叫，更多地与孩子接触，你与孩子的配合程度每天都会加强。更为重要的是，你会发现他茁壮成长，成为一个快乐、自信和自律之人。这也是一种更为轻松的育儿方式。吼叫、威胁、惩罚会破坏一个人整天的心情。平和父母发现，镇定和耐心的育儿方式更为轻松。为什么？因为这种教育方式可以创造一种更好的亲子关系，促进孩子的积极行为，父母也会更加喜爱他们。平和的父母找到了快乐育儿的正确途径。

你可以做一位更加平和的家长

营造一个充满爱心、同情心、不尖叫、不主观判断的家庭环境，不仅对孩子是一件礼物，也是我送给自己的一件礼物。我获得了大幅进步，不仅表现在育儿方面，而且体现在自身修养上。非常感谢劳拉·马卡姆博士，她是我生命的指路明灯。

——詹妮弗，4个孩子的母亲，
年龄分别为16岁、12岁、9岁和6岁

通过Aha！ Parenting网站和私人指导，我帮助了数以千计的父母，本书是对我工作成果的总结。我学习的专业是临床心理学，专攻儿童成长和育儿问题。我曾长时间思考如何帮助孩子茁壮成长，并实际指导父母培养快乐、心理健康和富于自律品质的儿童。

指导的父母越多，我越坚信，所有父母都竭尽全力培养孩子。但是，大多数父母都没有获取必要信息的渠道，所以也无力帮助孩子成长为一名优秀公民。事实上，有不少父母听到了一些不好的，甚至破坏性极强的建议，结果育儿过程变成了一场痛苦的战争：

“如果你不让他哭喊，他怎么学会自我安慰？”

“尽可能多地表扬他，告诉他，他很优秀！”

“哦，她心情不好……赶快，分散她的注意力！”

“孩子在超市发脾气时，最好的处理办法是什么？告诉他，你要回家，然后离开。相信我，他会跟着你走！”

“她在故意折腾你。”

正如我即将解释的那样，今天许多常见的育儿方法都制造了不必要的矛盾，加剧了孩子与父母之间的紧张关系。有人说，我们应该控制孩子的行为。但是，到底应该怎么控制？只有孩子很小时，强硬才会起作用。如果我们忽视孩子行为背后的需求和情绪，问题就会进一步恶化。所有父母原本都希望孩子的情绪健康发展，但不知不觉间，我们却破坏了这种发展。更为糟糕的是，这会损害我们对孩子的理解。如果我们违反作为父母的本能——通常是要求我们对孩子的需求做出反应，我们的内心就会变得冷酷。无数父母告诉我，他们真希望在孩子出生前就理解了本书阐述的理念。《父母平和，孩子快乐》就是要帮助你与孩子建立一种深入联结的关系，与此同时，培养快乐、自律、情绪健康的公民。

拥抱大爱

无论你是在寻找指导育儿决策的科学成果，思考如何处理一项具体挑战，还是为孩子忧心如焚，本书都是你需要的。没有人能够始终如一地保持平和，否则所有人都得到了启迪。每当你决定以更多的同情对待自己和孩子时，你的内心就越平和，也更加快乐。

在阅读本书的过程中，一定要坚定信心，肯定自己沿正确方向所做的每一个微小的进步。一切变化都是一步一个脚印地实现的。生活是具体片段的缓慢积累，每个片段都为我们提供了沿正确方向前进的机会。即使我们只对今天发生的几件事情调整反应方式，我们也会发现自己正在沿着新的方向前进。不知不觉间，我们已经进入了一番全新的天地。

我们都希望孩子亲近我们，尊敬我们，当我们离开后，他们能继承我们的爱。我们都希望孩子长大成人以后，能够凭借我们赋予他们的“根和翅膀”幸福生活。当他们回首童年，能够想起充盈的爱和父母开心的笑声，让他们充满自信，充满开拓精神。在孩子童年的每一天，你都在为他们创造这种美好的未来。

世上没有完美的父母，也没有完美的孩子。但是，世上有无数生活在大爱之中的家庭。本书将帮助你创造这样的家庭。

第一部分　自我调整

你告诉我的一个道理，也正是我以前缺乏的，那就是我需要帮助自己，原谅自己，给自己更多耐心，对我的女儿也同样如此。我需要学习，并真正理解：她的顽皮并非针对我，或者针对我的教育方式（至少大多数情况是这样），而是针对她自身的感受，以及当时的具体需求。

——艾琳，两个 4 岁以下孩子的母亲

1 平和父母培养快乐儿童

古语云：生儿育女乃世间至难之事。但是，这是为什么呢？当我向听众提出这一问题时，父母们通常会给出两个原因。其一，人们的期望值非常高；其二，缺乏正确育儿的清晰答案。

上面的两个原因当中，一个是正确的，另外一个则不太正确。人们对教育孩子的期望值的确非常高。但是，对于如何培养快乐、有责任心、体谅他人、情绪健康和自律的孩子，我们实际知道的并不少。对于这一极其重要的话题，人们进行了大量有益的研究，父母应该乐于学习其中的真知灼见。研究活动无数次告诉父母，他们应该尊重孩子的独特需求，并给予热情回应。同时，设定支持性的限制，以建设性的方式引导孩子的情绪，培养出色的儿童。这些观点很有道理，但是很难实现。每位父母都知道，难点在于管理我们自身的情绪，即使偶尔为之都困难重重。

如果不考虑孩子造成的独特挑战，如果你希望成为一名优秀的家长，你也必须完善自我修养。孩子不会使我们产生权力争斗的愤怒或焦虑，这些愤怒和焦虑完全来自我们自身的恐惧和忧虑。我们自身的童年经历和早期创伤，不论大小，都是我们人格的一部分。此外，每当我们情绪动荡，这些经历就会占据主导地位。因此，当你感到愤怒或者恐惧时，你会知道，它们几乎都是自己早年经历引发的反应。孩子能够以某种方式唤醒我们童年时期的不快经历，所以成为平和父母的唯一途径是，从主观上积极阻止昔日情绪的重新发作。

事实上，我们对孩子最大的期望取决于我们内心的想法。我们都希望将孩子培养为快乐、受人喜爱和幸运之人。如果我们能反思自己童年时期的亲子关系，学会提高修养，我们可以向我们的孩子提供安全联结，它可以为孩子一生的亲情关系提供扎实的基础。虽然我们无法控制什么事情将降临到他的头上，但是我们可以促使他被好人包围，这些贵人将帮助他度过更有价值的人生。

我们还希望孩子能够管理自己的行为，这样生活起来更加方便。这也是为人父母的职责。我们也知道如何抚养这样的孩子。当我们调整情绪时，孩子也会学习管理自己的情绪。这样，他们就会与我们建立足够深厚的联结，从而学会控制自己的行为。

最后，我们希望孩子能够取得成功。这种成功不一定是指社会对取得成就者给予的回报，而是指在他们的一生中发现、磨练和分享自己独特礼物的行为。我们也知道如何帮助孩子实现这些目标。这很大程度上与管理我们的忧虑有关，这样他们就能自由发现，培养自信与毅力。

有些孩子性格天生难以训诫，对于他们来说，父母的心态显得尤为重要。然而，不管你的孩子秉性如何，你对他意愿的反应将对他的一生产生重大影响。他可能让你欣喜，也有可能让你愤怒；他可能让你心花怒放，也有可能让你愤懑不已。不过，你的孩子也会迫使你成长。如果你发现自己将要发怒，可以在采取行动前迫使自己恢复心理平衡。如果你能抚平内心的忧虑，如果你能反思自己的经历并坦然面对，你就可以培养快乐和情绪健康的孩子，无论从哪一个角度来看，他们都属于成功者。你可以成为一名心态平和的家长，可以培养快乐的儿童。

父母的首要责任

正念：允许某种情绪停驻内心，又能让它离去不受其影响。

——本尼迪克特·凯里（Benedict Carey）[1]

正念：不打人的嘴。

——11 岁，引自莎伦·萨兹伯格（Sharon Salzberg）[2]

你孩子的表现肯定像个孩子，也就是说，他还在学习，与你事务的主次安排不同，也不能一直正确管理自己的情绪或行动。有时，他的行为肯定让你心烦意乱。但是，如果我们也像孩子一样行事，就会出现问题。如果我们希望孩子学习进步，我们的行为就要像成年人！如果我们能够保持正念状态——也就是说，我们能注意到自己的情绪，又能让它离去不受其影响——我们就树立了情绪调整的榜样，供孩子观察效仿。

航空公司告诉我们要首先戴上氧气罩，这是有原因的。孩子们够不到氧气罩，或者不能正确使用。一旦我们出现生理故障，孩子救不了我们，也救不了他们自己。因此，即便我们需要牺牲自己来挽救孩子，我们也有责任首先将氧气罩给自己戴上。

孩子也不能自行管理愤怒。他们也无法阻止内心的羡慕，从而出手推打自己的小妹妹。他们需要我们帮助，让他们忘记自己不够优秀、我们不再爱他们的内心恐惧。他们知道，如果他们足够优秀，就不会推打小妹妹，不会偷偷去拿糖果，或者躺在地板上大肆撒泼。但是，他们无法控制自己，无论多么努力都不能（就像我们总是忍不住又吃一块蛋糕一样。）

与乘飞机戴氧气罩一样，我们有责任帮助孩子正确管理自己的情绪，进而帮助他们管理自己的行为。不幸的是，当你过度紧张，极度疲惫，精力耗尽之时，就像在飞机上失去知觉一样，你已经无力帮助自己的孩子。

这就是为什么父母的首要责任是保持正念，正视你的内心状态。正念

我们能注意到自己的情绪，又能让它离去不受其影响——我们就树立了情绪调整的榜样，供孩子观察效仿。

的反面是“丧失”理智。不要误解我的意思——正念并非没有愤怒。保持正念，意味着你关注自己的感受，但是不受它的驱使采取行动。愤怒是所有人际关系中不可避免的一部分。受其影响盲目从事，无论是语言，还是行动，都会影响育儿效果。

情绪是有益的，就像仪表盘上的指示灯一样。如果你看到汽车仪表盘上红灯闪烁，你绝对不会将仪表盘盖上，或者将指示灯的线给扯掉，对吗？你会观察，然后采取相应行动。例如，将车开到维修店更换机油等。情感的难点在于，当我们感受到它们时，常常不知如何应对。对于“负面”情绪（在你内心整天闪烁的红灯），我们通常以“硬连线”的方式选择一种反应：战斗、逃跑或惊呆。

在大多数紧急情况下，这些策略都能奏效。但是，对于育儿——恐惧除外——并不属于紧急情况。通常，在育儿和生活过程中，对于负面情绪最好的应对策略是思考，而不是采取行动。换言之，当你收到情绪刺激时，不要急于采取行动。

有时，你会发现自己处于战斗或逃跑的两难选择之中，如果你能训练自己观察何时开始不再纠结于这种选择，就可以让自己重新恢复心理平衡。这种内心的平衡状态，能够确保我们的决策明智并充满爱心。

如果我们无法达到这种平衡，结果会怎么样？如果孩子的行为让我们怒不可遏，如果我们让自己镇定的努力无法达到预期效果，怎么办？

打破循环：自我疗伤

> 如果不充分加以思考，历史常常会重演……研究已经明确证实，如果我们不对自己早年的经历正确处理和理解，孩子与我们的关系就会受到严重影响。
>
> ——丹·西格尔（Dan Siegel）[3]

著名心理学家D. W. 温妮科特（D.W.Winnicott）对亲子关系进行了许多深刻的观察思考。我最喜爱的观点是，孩子不需要父母完美无缺。我们需要做的是，避免伤害他们，为他们提供父母经常被要求应该拥有的“普通奉献”。

然而，这一要求并不像听起来那么容易。首先，并不存在普通的奉献。在父母看来，奉献意味着凌晨两点抱着因耳朵发炎不断哭闹的孩子在地板上来回走动；奉献意味着在你工作了一天之后，尽管你已经非常劳累，只想倒在沙发上好好休息一下，但是还要强迫自己走进厨房为孩子做晚饭；奉献意味着在一个寒冷的夜晚，你要脱下自己的上衣，为躺在汽车后座上已经入睡的孩子盖上。这种普通的奉献与历史上父母表现出的大爱别无二致，面对飞溅的玻璃和敌方士兵，父母会毫不犹豫地挺身而出，保护自己的孩子。

但是，即便我们表达了将孩子放在首位的愿望，仍然不能轻而易举地成为一名“足够优秀”的家长。即使一位充满奉献精神的父亲或者母亲，仍然会在不经意间伤害孩子，这包括尊重孩子的父母。尽管在现实需要时，他们会表现出真正的英雄精神，毫不犹豫地自我牺牲。但是，为什么我们的意图和行动之间会存在差距呢？原因在于，虽然我们从来不会有意识地伤害孩子，但是与所有关系一样，在我们的意识之外，育儿过程的确会伤害他们。

事实上，几乎所有人在童年时都受过伤，如果没有治愈，这些创伤就会阻止我们以真正希望的方式养育孩子。如果童年时期你在某个方面受过创伤，你一定会发现在教育孩子时在这方面感到痛苦，从而给孩子造成创伤。

我们都能回忆起这样的实例：一个父亲常常重复自己父亲昔日严厉的教育方式，用来教育自己的孩子。有些母亲不能给孩子的行为设定限制，她受不了孩子们愤怒的反应，结果培养的孩子拘谨自私。有些父母超长时间工作，他们担心自己没有能力让孩子感兴趣（或者说，孩子不爱他们）。

对于所有人来说，我们要有意识地分析自己的创伤——有些较吻合，有些可能很痛苦——这样，我们才有可能不会给孩子造成新的创伤。

令人高兴的是，作为父母，我们掌握了一张地图，它可以告诉我们，这些创伤位于何处，我们有机会深入探索，治愈它们。孩子具有某种神秘的力量，他们可以告诉我们创伤的位置，让我们回想起昔日的恐惧和愤怒。孩子比禅师和理疗师还要高明，他们能为我们提供完美的机会，帮助我们成长和疗伤。大多数家长表示，对孩子的爱促使他们发生了明显变化：他们更加耐心，更具有同情心，更加无私。我们经常强烈感受到影响我们早期心理形成的问题，但是当我们治愈这些挥之不去的创伤时，我们的行为不仅受这些创伤的影响，还会发现它们为我们提供信息和激励，使我们成为更加优秀的父母。

那么，作为父母，我们应该如何治愈儿时的创伤，如何正确教育孩子呢？

☆ **有意识地教育。**如果我们注意的话，就会注意到，孩子何时触到我们的痛处。并不是孩子表现幼稚，而是因为他们就是幼稚的孩子。这正是他们那个年龄段的行为。对于镇静、温和、幽默心态的父母来说，让一些父母烦恼的事情，正是他们所欢迎的。这种心态可以正确引导孩子的行为。当孩子“激怒”我们的时候，正是我们遭遇心理障碍的时刻。这并非玩笑。每当孩子按下你的情绪按钮时，他只是在提醒你童年时期没有解决的问题。

☆ **打破循环，利用你内心的暂停按钮。**你不能以孩子为对象，重复自己童年的历史。即使你已经在错误的道路上走了很远，也要马上停止。深吸一口气，按下暂停按钮。除非你决心选择另外一条道路，否则提醒自己即将发生的事情。闭上嘴巴，即使话已经说了一半。不要感到尴尬，你在积极控制愤怒，为孩子树立榜样。

令人高兴的是，作为父母我们掌握了一张地图，它可以告诉我们，这些创伤位于何处，我们有机会深入探索，治愈它们。孩子具有某种神秘的力量，他们可以告诉我们创伤的位置，让我们回想起昔日的恐惧和愤怒。

忍受尴尬，才不至于怒不可遏。

☆ **了解情绪的工作机制。**愤怒是一种信息，告诉我们生活出了问题。此外，愤怒也是一种生物学状态，不会帮助我们找到解决问题的最佳答案。如果我们受“愤怒”化学反应的控制，就会说一些过头的话，做一些过头的事，这些是我们在理智状态下绝对不会做的。如果你的身体和情绪处于“要么战斗，要么逃跑”的状态，你的孩子就会永远如同你的敌人。所以，务必深吸一口气，让自己安静下来，然后再做决定，或者采取行动。

☆ **按下自己“故事”的重拨键。**对于你的痛苦童年，你是无法改变的。你能做的是，内心装有童年的那些记忆：你的“故事”。你需要回顾过去，感受儿时的痛苦，但是需要以崭新的视角重新审视。如果你的父亲遗弃了家庭，如果你认为自己不够优秀，你需要从成年人的视角重新梳理这段历史，要意识到你的生活很幸福，父亲的离去对你没有任何影响。如果母亲曾经打过你，使你认为自己是个坏孩子，你应该更深入地意识到，妈妈当时非常担心，即使你是世界上最优秀的天使，她也无法控制自己。你和任何孩子一样：仅以自己所知的方式寻求关爱和关注。接受自己的故事，重新改写，是一个痛苦的过程。但这是一种解放，也是成为平和父母，实现快乐育儿的唯一途径。

☆ **释放压力。**当我们承受巨大压力，并希望成为优秀父母时，都会经历一段艰难时光。我们应该养成一些有助于释放压力的习惯：经常锻炼、瑜珈、洗热水澡和冥想。没有时间吗？让全家一起参与。一起倾听音乐，一起跳舞，一起散步，星期五晚上早点儿上床，在安静中放松身心，弥补睡眠不足。

☆ 寻求支持，解决老问题。每个父母都需要支持，都需要向他人倾诉自己的艰苦工作。有时，我们可以以非正式的方式向亲朋好友讲述。有时，可以像帕蒂·惠芙乐（Patty Wipfler）在手牵手育儿中建议的那样，以较为正式的“倾听伙伴”方式，向另外一位父母倾诉，可能会给你带来极大帮助。或许，你还可以成为一个育儿支持组织或社区的成员。如果你感到无助，找一位顾问帮助你摆脱困境，更加快乐地生活。寻求帮助并不难堪，真正难堪的是放弃身为父母的责任，伤害孩子的身心健康。如果你认为自己需要帮助，请不要犹豫，马上行动。

没有哪位父母是完美的，因为人类本身就是不完美的。无论我们如何努力，也不可能永远从正面影响孩子。但是，每当你关注他们，按下内心的暂停键，控制压力，你就会变得更加平和。这样，你的孩子就会获得一次拥有幸福的机会。

温尼科特是对的。孩子并不需要完美无暇的父母。他们需要的是拥抱成长、弥补缺陷、敞开心扉的父母，而不是一味地冷酷。

如何管理愤怒?

这种方法非常有效，它改变了我的生活。它最出色的地方是，你没有必要强求完美。你必须保持真实、诚实，能够承认自己的错误。你不会大发雷霆，而是强化联结，创造温馨，与孩子分享真实的情绪。这些真实的情绪让孩子们明白，如何做到最好，做真实的自己，而不是苛求完美。

——卡莉，两个 4 岁以下男孩的母亲

只要是人，你总会发现自己有时候处于“要么战斗，要么逃跑”的状态，你的孩子也会看上去像敌人。当你极度愤怒时，你在身体上就已做好了战斗准备。荷尔蒙和神经传递介质在你的体内流淌，你的肌肉绷紧，脉搏加快，呼吸急促。这时候，保持镇定是不可能的。但是，我们都知道，虽然打孩子一顿可以出出气，可这并不是我们真正想要的结果。

所以，不要打孩子，不要骂孩子，不要斥责孩子，不要威胁孩子。那么，高声尖叫怎么样？永远不要对孩子吼叫，这是一种不理智行为。如果你真的需要尖叫，钻进你的汽车，关好车窗，在确保没有人能够听到的情况下尖叫。但是，不要使用词汇，这会让你更加愤怒。

孩子也会生气。如果你能积极控制愤怒，对你们双方都有好处。你不仅不会伤害他们，还会为他们树立榜样。孩子肯定能观察到你生气，你处理愤怒的方式对他们很有教育作用。你是否能以正确的方式教育他们，让他们知道，父母也会不理智？或者说，愤怒是人类的一种自然情绪，以负责任的态度控制愤怒是孩子成长的一部分。下面是一些具体指导：

☆ **稍事休息**。要记住，愤怒并非解决问题的最佳方式。相反，你应该独自呆一会儿，等心情平静以后再回来。如果孩子足够大，可以独自玩耍，你可以走进卫生间，往脸上撒点儿水，然后深呼吸。你要尽可能平静地对孩子说：“现在，我非常生气，不能和你说这事。我要休息5分钟，镇定镇定。”暂时退出并不意味着孩子获得胜利。这会让他意识到，情况有多么严重，为他树立自我控制的榜样。如果孩子不够大，在你离开后有被遗弃的感觉，你可以使用厨房的洗菜盆，然后可以在沙发上坐几分钟。无论你与孩子坐在一起，还是关上房门独自一人，都要利用这段时间镇定下来，不要继续想你多么有道理，那会让你更加愤怒。安静地深呼吸，甚至念几句“咒语”，帮助你迅速平静。你的孩子会留心观察你的举动。不要总是想着他做错了事，要给他一个教训。事实上，他已经获得了一个极其重要的人生教训：如何积极控制自己的情绪。

☆ **帮助你的身体释放愤怒。**当你感觉到愤怒时，需要设法释放出来。停止活动，深呼吸，这并不是紧急事件。摆脱紧张的心情，做10次深呼吸。如果你需要发出声音，小声哼哼即可。你需要设法让自己笑起来，这样可以释放紧张的情绪，有效改变心情。迫使自己微笑，向神经系统释放信号，目前并没有发生紧急事件，促使自己镇定下来。深呼吸的同时，挤压双手的针灸穴位（空手切位置），强化镇定意愿。如果你感觉有必要从生理角度释放愤怒，可以播放音乐或者跳一段轻快的舞蹈。

☆ **改变思路，调整感受。**如果你认为孩子已经被宠坏，将来会成长为一名恶棍，你就不能让自己镇定。事实上，你的孩子还非常幼小，他感到痛苦，希望以自己的行为展示自己。请你提醒自己："他的行为像个孩子，因为他本身就是孩子……当孩子看似'最不值得爱'的时候，正是最需要我关爱的时刻……他在以自己合适的需求和感受，寻求我的帮助。"

☆ **倾听你的愤怒，而不被愤怒驱使。**与其他情绪一样，愤怒是与生俱来的，就像我们的胳膊和腿一样真实。我们的责任是如何选择，如何处理这种情绪。通常，愤怒对我们是极为有益的教训。但是，愤怒之下率性而为，除自我防卫的极少数情况外，都不会带来积极效果。这种情绪下的选择绝非理智之选。处理愤怒的积极方式是，限制愤怒的表达。当我们镇定下来之后，要理性分析，正确处理：生活到底发生了什么严重错误，以至我们如此愤怒？我们应该如何做，才能扭转这一不利局面？有时，问题的答案与我们的育儿方法存在密切联系：在局面失控前，我们首先需要改变自己的态度；或者，提前半小时让孩子上床睡觉；或者，设法修补与9岁孩子的关系，使他不再态度粗暴地对待我们。有时，我们会惊讶地发现，我们的愤怒实际是针对配偶的，我们认为对方没有尽到父母的职责；有时，我们实际是对老板不满；有时，愤怒只是一种信号，提醒我们应该增加睡眠；有时，它又是一种发泄方式，希望向好友表达内心的苦闷，获得对方的充分理解；有时，我们内心一直潜藏着愤怒，只是没有察觉，时机合适时便会撒在孩子身上。此时，我们需要接受心理疏导，或者从育儿辅导团体获得帮助。

☆ **请牢记，向他人“表达”愤怒，反而会使之强化和升级。**很多人认为，我们需要“表达”自己的愤怒，以避免造成心理伤害。但是，研究表明，在愤怒的时候表达愤怒，反而会让我们愈发怒不可遏。结果，你的表现会伤害对方，让他们感到恐惧或愤怒。最终，导致人际关系的破裂。如果在脑海中不断回想，告诉自己我们是正确的，别人是错误的，怒火便会越烧越旺。真正有效的办法是首先镇定下来，然后寻找积极的方式解决让我们愤怒的事情。愤怒的源头解决之后，我们的怒火就会自然而然地消失。

☆ **教训孩子前，先要等一等。**无论什么情况下，你都不能匆忙发号施令。这种做法对于孩子的长期发展有害无益，也不会阻止问题的再次出现。在你镇定下来之前，尽可能少说话，只需说“我需要先平静一下，然后再讨论这个问题”。如果你休息了10分钟，仍然不足以心平气和地讨论问题，你可以说：“我希望思考一下，过会儿再谈。”

☆ **无论如何，避免使用暴力。**打屁股只能让你的怒火暂时平息，相对好受一些，但是对孩子会造成长期伤害，最终毁掉你在育儿过程中所做的积极努力。打屁股，甚至打耳光，可能诱发有害效果，甚至导致可怕的暴力行为。要想尽一切办法控制自己，包括离开房间。如果你不能控制自己，转而使用暴力，要向孩子道歉，告诉他们打人永远是不对的，并为自己寻求帮助。

☆ **避免威胁。**愤怒状态下的威胁永远都不是理性行为。只有你真正希望彻底实施，威胁才能产生效果。否则，威胁只能损害你的权威，孩子以后遵守规则的可能性也会降低。

☆ **注意你的口气和措辞。**研究表明，我们讲话的态度越镇定，内心就会愈发平和，他人的反应也会更加平静。同样，诅咒或使用其他激烈词语会让我们和倾听者的心情更加波动，局势进一步升级。我们讲话的语气和措辞既可以让我们平静，也可以让我们心绪波动。（请牢记，你是孩子的榜样。）

☆ **要考虑你是问题的一部分。**如果你以开放的心态面对情绪问题，孩子总能提醒你在哪些方面进一步完善。如果你的心态不开放，你会发现与孩子一遍又一遍地陷入相同的情绪漩涡。孩子的表现可能让你的心情越来越糟糕，但你并非是完全无辜的受害者。首先，要以负责任的方式管理你的情绪。你的孩子不可能一夜之间成为小天使，但是一旦你学会保持镇定，他的行为就会发生明显变化。

☆ **还在愤怒？探索深层情绪。**不要抓住愤怒不放。一旦你倾听了内心的愤怒，采取了必要调整，就应该放手。如果还不能奏效，一定牢记，愤怒永远是防御性的，它使我们不会感到脆弱。为了化解愤怒，要探索深层的伤害和恐惧。如果女儿的行为让你震惊，如果你的儿子殴打他的小妹妹，而你幼时也曾被殴打，要认真思考这些情绪，治愈他们。一旦你愿意感受深层情绪，就不再需要以愤怒作为防御手段，它也会自然而然地消失。

☆ 选择你的战场。与孩子的每次消极互动，都会消耗珍贵的亲情资本。要把注意力放在重要的方面，例如，孩子对待他人的方式。从宏观角度来看，他将衣服扔在地板上可能让你发狂，但是这件小事还不值得你冒伤害亲子关系的风险。

☆ 如果你总被愤怒纠缠，寻求专业咨询。不要为寻求帮助感到尴尬。你在履行为人父母的责任，避免对孩子造成身心伤害。

如何不再对孩子吼叫？

我喜欢你所有的建议。但是我发现，它们只在我保持镇定的情况下才有效，而保持镇定非常困难。我习惯大吼大叫，我妈妈也习惯大吼大叫，我们家有着很长的吼叫历史。我怎样才能摆脱这种习惯呢？

——辛西娅，三个 6 岁以下孩子的母亲

大多数父母都会吼叫，我们甚至不会注意自己的这种行为。于是，我们的嗓门越来越高。或者，我们知道自己在吼叫，但是就在那一刻，理由似乎非常充分。你会说，你看到他做什么了吗？

我们都清楚，如果我们不再吼叫，孩子的表现会更好。吼叫使矛盾升级，使一阵旋风演变为暴风骤雨。事实上，如果你不控制自己的情绪，怎么可能指望孩子学会控制他们的情绪呢？

相反，如果我们保持镇定，所有人都会平静下来。我们是孩子控制情绪的榜样，我们能够通过更加有效的情绪调整解决问题，孩子可以学会如何将波动的心情稳定下来。我们和孩子的关系也会进一步强化，他们会更加配合，开始更加积极地控制自己的情绪。

认真思考一下，我们会发现，我们才是导致自己吼叫的根本原因。有些父母看到相同行为以后，能够推己及人，一笑了之。无论你孩子的行为多么恶劣，他都是在大声呼救。有时，这种行为需要制定某种铁的限制，但是这绝不意味着我们可以采取消极手段。大吼大叫，根本不会帮助你的孩子。

不再吼叫绝非易事。你可能拼命想要尖叫，而且现在还在这样做。如果别人向你尖叫，要求你不要尖叫，可能需要巨大努力。如果你知道自己想要终止这种行为，我向你保证，这完全是可能的，无论这种习惯多么根深蒂固。这并不复杂，大概需要三个月时间。就像学习弹钢琴一样，你需要首先练习音阶，并且天天练习。然后，你就能辨认简单的音调。一年以后，你就可以弹奏奏鸣曲了。我曾亲眼见证过数百名父母走过这一历程。

停止吼叫是否很难实现？是的，它不会神奇般地快速实现，需要持之以恒，日复一日地练习。没有谁能够代替你。不吼叫可能看似奇迹，但是你的确能够实现。如果不断努力，有一天你可能突然意识到，你已经记不得上一次吼叫的时间了。你是否想试一试呢？

☆ 实际行动。研究表明，如果我们有意识地从口头上“承诺”从事某一行动，就很有可能实现，特别是坚持每天练习，成功的概率就会大大提高。相反，如果仅仅“希望”实现某一目标，结果则会截然不同。如果对已经发生的事情“懊悔”，通常什么变化也不会发生。所以，你应该写下自己的愿望（“我要以尊重的口吻和孩子讲话”），然后贴在一个你经常能够看到的地方。在脑海中想象，如果你不再吼叫，你将拥有一个多么温馨的家。设想你以平和的态度回答孩子的问题——甚至以同情或幽默的方式与其交流，而不是尖声吼叫。经常这样想象，你的潜意识就会得到积极梳理。

☆ **鼓励家人参与。**但是，这样做还有点儿麻烦。你首先应该承担起对他人的责任。具体来说，你必须对孩子承担责任，决心不再对他吼叫，他是唯一让你保持诚实心态的人。你是否有点儿担心？是的。但是，你是孩子的榜样。如果你希望孩子不对你吼叫，只有这样才能达到目的。所以，要向孩子解释，你已决定不再向他吼叫。制作一张“尊重口吻”贴纸表，监督具体实施情况。每天结束时，让孩子决定你是否可以加上一面小红旗。这样，可以督促你履行责任。

（你是否反对为孩子制作贴纸表？我也反对，这样做适得其反，我们将在自律章节讨论这一问题。不过，由于父母在家中拥有至高无上的权力，这样做可以赋予孩子权力，促使我们履行责任。我并不担心误导父母。大家只需记得，要抵制诱惑，不要因为孩子使用了尊重口吻，就为他贴上一面小红旗。当他愤怒时，孩子的自制力比你要差得多，你的榜样作用对他极为有益。）

☆ **停止、放下、深呼吸。**每当你注意到自己在提高嗓门，或者将要提高嗓门，你怎么办？

☆ 一旦你注意到自己要发怒，马上**停止说话**，闭上嘴巴。没有办法不出声？嗯，只有迫不得已时，才能发出“噪音”。但是，一定要闭上嘴。

☆ **放下。**真正放下，暂时不予理睬。当前发生的并非紧急事件，（如果的确是紧急事件，首先让所有人远离危险，然后再按本过程处理。）只需远离眼前的局面。

☆ 做10次深呼吸。放开你的双手。这会让你远离"爬虫式大脑"——要么战斗，要么逃跑，或者冻僵式反应——重新进入理智状态。现在，你可以选择如何行动。

☆ 提醒自己：你是成年人，此时此刻，你的所作所为都将成为孩子效仿的对象。看着你的孩子，告诉他："我在努力保持镇定，我不想吼叫。让我镇定下来，然后我们再重新讨论，好不好？"

☆ 选择任何有效方式，控制身体"战或逃"的反应。做更多深呼吸，默念几句"咒语"，用冷水洗脸，浏览"尊重口吻"贴纸，提醒自己孩子之所以这样做，是因为他就是个孩子。告诉自己，这并非多么了不起的事情。

☆ 重新来过。当你远离了"战或逃"模式，你会知道，你的孩子不再是你的敌人，而是你亲爱的宝贝。你曾经发誓要好好珍惜他，爱他，对他正确引导，确保他成长为一名充满爱心、出类拔萃之人。现在，重新处理刚才的事情。

很难，是不是？如果你完全受攻击型"神经化学物质"的控制，的确很难做到。其实，也很简单。你只需暂时推迟，等安静下来之后再着手处理。

☆ 如果你压低嗓门，孩子将作何反应？如果孩子感到恐惧，他们就会进入"战或逃"的模式，大脑的学习中心也会关闭。当你吼叫时，你的孩子不能正常学习。镇静和同情总能收到更为有效的交流效果。此外，当你吼叫时，便会失去孩子的信任。他们的内心会进一步封闭，拒绝你的影响。

☆ **你是否认为过于纵容自己的孩子？**他感到了伤害，他的“不当行为”只是一个求救信号，希望得到你的帮助。他之所以那样做，是因为他面对无法理解和无法准确表达的重大感受。当然，你应该设定限制，正确引导他的行为。但是，你的引导绝对不能消极或者带有恐吓性质。你希望孩子听从你的指导，因为他爱你，永远不想让你失望，而不是因为你对他恐吓。

☆ **你是否认为自己不够诚实？**孩子看到你情绪非常波动。他还会发现，你在以负责任的方式控制自己的情绪。诚实面对自己的真实感受，并不意味着不假思索地将孩子“扔给”他人。此外，这些都是你自己的情绪，只有很小一部分与你当前和孩子的交流有关。情绪的绝大部分源自你过去的经历，以及你对当前局面的认识方式。

☆ **如果你已经做了最大努力，但是仍然忍不住吼叫，怎么办？**开始时，的确会这样，而且不止一次。但是，如果你能从中汲取教训，就不能算错误。将每次不能奏效的经历作为调整机会——调整你的日常行为、你的态度，或者你的自我关怀——这样，下次你才能做得更好。支持自己，你才能有所改变。

请注意，你仍然有能力引导自己的孩子——不过，必须保持尊重的态度。如果你引导孩子时每次都会吼叫，或者试图吼叫，你很快就会培养足够的意识，在开始吼叫前，阻止自己的行动。

帮助你三分钟从波动恢复平静

劳拉博士……你说，避免吼叫的方式是首先镇定下来，然后再与孩子讨论问题。但是，当我感到愤怒时，无法尽快镇定下来。我需要一个小时左右的时间才能分散注意力。与此同时，我的孩子还在做错事，我需要“将他摆平”。

——珍，1 岁孩子的母亲

“停止、放弃、深呼吸”过程的前提是，无论面对何种刺激，你都能迅速镇定下来，尝试重新处理。但是，如果你的身体进入“战或逃”模式，你的内心便会充满“神经化学物质”，不断催促你进行攻击。孩子似乎成了你的敌人，你强烈地感受到，“要将他摆平”。

除非你遇到了一只猛虎，否则你的身体不会需要一个小时才能镇定下来。真的，无论孩子做了什么错事，都不属于紧急事件。如果你需要几分钟才能镇定下来，那是因为你没有告诉自己的身体，这是一次虚假警报。你的身体还处于“战或逃”的状态。你的思想还走在战争之路上，所以才需要一个小时的时间“分散”注意力。

无论孩子做了什么，你都能以更加平静和积极的方式做出反应。下面，我们讲述三分钟情绪调整策略，帮助你从崭新视角看待事物，稳定“战或逃”的心态。

第一分钟：到底什么想法让你情绪波动?

⊙ 默默思考这一问题。答案或许是“他不尊重我的权威……我需要将其消灭在萌芽状态”，或者“他在故意捣乱！”

⊙ 想一想，让你情绪波动的想法几乎肯定源自恐惧。也就是说，你对当时情况的理解并非真正源自对孩子的爱。

第二分钟：要明白任何事物都有两面性

⊙ 要知道，你父母对你肯定也曾有过一两次类似想法，但是你长大成人后照样很好。你的孩子也一样。

⊙ 试着从孩子的角度看待这一问题。例如，“他在告诉我，他的心情很糟糕。他有权利拥有自己的情绪。”

⊙ 考虑情绪波动对你教育孩子的影响。如果你放弃这种想法，你将如何对孩子做出反应？

第三分钟：帮助你的身体释放情绪

⊙ 按压手掌一侧的穴位（空手切），同时深呼吸。

⊙ 按压手掌时，告诉自己：“虽然我心情不佳，我仍然很安全。我可以镇定下来，控制这一局面。”

⊙ 如果你发现自己在打哈欠，太棒了，说明你的身体正在放松。这种练习越多，你身体的放松速度也就越快。

现在，重新与孩子接触，从爱心出发，重新与其对话。听起来有点儿难，是吗？是的，当我们处于愤怒状态时，我们体内充满了攻击性荷尔蒙。但是，一旦我们的视野稍稍拓展一点儿，我们就能找到导致我们吼叫的根源，然后更正。每一种想法均源于恐惧或关爱。请选择关爱。

孩子失控时，父母如何保持镇定？

当孩子情绪失控时，我发现我总是想离他越远越好，与他们思想共鸣实在太难了。

——劳拉，2 岁孩子的母亲

由于缺乏经验和认知能力，孩子会经常情绪波动。如果此时我们能保持镇定，就能帮助他们发展自己的神经系统，促使他们控制自身情绪。但是，大多数人发现，当孩子无法控制自己时，我们很难在思想上与他们保持一致。于是，我们内心便出现了一种冲动，希望大声吼叫“不！”

⊙ 不，我现在没有时间处理这事！

⊙ 不，你让我感到难堪，人们都在看我们！

⊙ 不，我到底做错了什么，他又这样大发脾气？

⊙ 不，她为什么这样对我？

⊙ 不，为什么你就不能乖一点儿，按我说的去做？

瞧啊！大多数人小时候就意识到，我们的情绪没人重视，我们的感受甚至是危险的。所以，当我们的孩子情绪失控时，我们内心的“小我”便被激活，危险信号灯亮起。与其他情况一样，当危险迫近时，我们就会产生恐惧感。我们的第一个念头就是逃跑，或者勃然大怒。我们希望孩子闭嘴，或者我们变得不知所措。

我们能不能理解孩子，允许他释放所有情绪？即使孩子的发泄对象是我们，我们能不能不带个人色彩，接受他们的行为？对于大多数父母来说，这有点儿难度。我们所有良好的愿望都飞出了窗外。

然而，每个孩子都经历过无数恐惧、愤怒、挫折和哀伤。他们需要表达这些感受，并希望我们倾听。随着时间的增长，这会让他们真诚面对自己的情绪，更加有效地进行管理。事实上，我们是孩子的榜样。通过观察我们如何控制自身情绪和行为，孩子也会学习控制他们的情绪和行为。

那么，到底如何才能消除我们对孩子情绪波动根深蒂固的反应模式，更加有效地帮助他们呢？

☆ 承认你的情绪。我们面对孩子原始情绪产生的恐惧，实际上与我们的童年经历有关。将其斩草除根的唯一途径是，观察儿时它对我们的影响。对你不断上升的怒火说：“谢谢你在我年幼时保护了我。我现在已经长大成人了，这些感受已经没有问题。”

☆ **提醒自己这并不严重。**“孩子情绪波动时，我这样反应十分自然。无论发生什么，我都能处理。”这并非威胁，对方是你心爱的宝贝，他现在需要你的帮助。如果你的内心不断发送警报，告诉它你稍后再处理这一问题，现在不会处理。

☆ **提醒自己表达情绪是件好事。**无论如何，你的孩子都会感受这些情绪。唯一的问题是，你是否允许孩子将情绪表达出来，或者你是否告诉他们，这些情绪是有害的。一旦孩子感到这些情绪，它们便会烟消云散。（你有所怀疑，只是因为他原来压抑的情绪，现在没有预兆突然爆发并产生了相应表现。）即便你不能完全赞同，当孩子情绪失控时，请你尽量避免脱口说“不”，而是说“是”，就像其他情况下孩子需要你的帮助一样。

☆ **消除压力。**你没有必要一定纠正孩子或者解决问题，你需要做的只是保持关注。孩子并不真的想要那只红杯子，也不是他哭喊着想要的其他东西。他需要的是你的关爱，满足他所有纠结的情绪。他的失望、愤怒和痛苦？这些都没有问题，你只需对他表现出关爱，一切都会烟消云散。

☆ **深呼吸，然后选择爱。**我们所做的每一个选择，从核心来看，不是为了爱，就是出于恐惧。让你对孩子的爱为你提供选择爱的勇气。不仅要爱你的孩子，而且要爱你儿时的自己，以及现在作为父母的你。坚持深呼吸，提醒自己，“我要选择爱”。太粗俗？研究表明，这样做是有效的。不过，你还可以轻松发现另外一个有效咒语："这件事也会过去……我顺利度过了童年，我的孩子也会……我能处理这一问题……"选择任何一种对你有效的办法。

☆ 包容情绪，不要行动。如果你愿意，可以以后再做。或者，就在几分钟后，当你镇定下来以后再采取行动。然而现在，你需要感受情绪。借助呼吸度过这段时间。如有必要，可以默念情绪的具体名称。当然，它就是"愤怒"。然而，愤怒的下面又是什么？伤害？恐惧？失望？注意你身体的感受。

☆ 保持简单。如果孩子需要你见证他宣泄情绪，要让他明白，尽管他拥有如此多的负面情绪，他仍然可爱。试图解释、讨论、懊悔、指责、建议、分析他情绪波动的原因，或者试图对他进行"安慰"（"好了，好了，不用哭，够了。"）只能阻碍他正常的情绪流露。不要强迫他使用语言进行表达，在情绪如此波动的情况下，他无法使用自己的理智。当然，你希望对他"引导"，但是这个过程需要再等一等。在他安静下来之前，孩子什么都无法学习。你无需多言。你的镇定、爱抚的口吻才是最重要的。或许，你可以这样说：

⊙ 你是安全的，我就在你身边。

⊙ 我听到了，每个人都有哭泣的时候。

⊙ 你让我离开，我就向后退一点儿。你现在心情不好，我不能让你一个人留在这里。

⊙ 当你调整好心态，我会在这里对你热情拥抱。

☆ 寻找一个处理情绪的方式。没有什么比作为父母更能触发最本能的情绪了。你也需要宣泄情绪，在不采取行动的前提下，借助呼吸感受并控制情绪。有人通过写日记表达情绪，有人通过哭泣释放压力，你还可以通过向他人倾诉进行宣泄。倾诉对象应拒绝为你提供建议。当你承认想要将孩子往墙上撞，或者将他一人留在杂货店，倾诉对象不会惊慌失措，他们知道每个人都有过类似想法，你不会真的付诸实施。听到你的表述，倾诉对象不会因此怀疑你和你的孩子是否心理正常。他们会允许你哭泣，他们会关爱你，就像你关爱孩子一样。

对于父母来说，这是一份苦差事，但是对于孩子却十分有益。好的方面是，如果我们“接纳”孩子的所有情绪，他们就会学会以健康的方式处理情绪。事实上，在你从爱出发面对孩子的每一次“发脾气”，孩子充分宣泄情绪后，心情就会大幅改观，你也会马上看到积极效果。这是无条件的爱发挥的作用。

教育孩子与自我修养并举

当我听到马卡姆博士说，育儿的同时要确保你自己的杯子装满，我的生活发生了重大转折。如果一天开始时我们内心空虚，我们就没有东西可以给予孩子。所以，以某种方式振奋精神很重要。于是，我每天早晨6点起床，独自一人出去散步。它让我充满活力，精神集中，做好迎接一天的准备，有能力满足孩子的要求。与朋友相聚也很重要，所以我在教会中加入了一些小组，确保大家都能获得“快乐时光”。

——阿曼达，两个孩子的母亲，分别为4岁和1岁

对于所有父母来说，最重要的品质是什么？耐心。然而，努力保持耐心也是一种信号，你的杯子已空，你正处于危险之中。意志并不能让我们走得很远。真正有益的做法是，确保你的杯子永远是满的，确保你有足够的快乐和时间与孩子一起分享。孩子们喜欢与我们快乐相处，他们也会变

得更加快乐，也更愿意配合。

如果你经常发现自己感到愤恨、空虚、疲惫；如果你的脑海中总是充满对孩子的负面想法；如果你经常对孩子吼叫，你很有可能患上了我所说的SAP紊乱症——育儿圣坛上的自我牺牲。这是因为，我们忘了给予自己充分的关注。感到自己的权利被剥夺并不是一件好事，它会扼杀我们天生的乐趣。这种情况对孩子也不好，他们不得不面对充满怨恨、消极、没有耐心的父母。（他们的表现怎么可能变好？）

从根本上来说，只有你自己才能决定如何度过短暂的人生。在弥留之际，如果终生愁苦，你只能归罪于自己。成年的奥秘在于，我们一直在成长。为人父母迫使我们教育孩子的同时，也要教育自己。如果你到了生育年龄，你的父母已经履行了生儿育女的义务，现在，这一责任已经落到了你的肩上。对于刚刚出生的宝贝，你必须倾注全部的爱。关爱自己的同时，我们也完成了育儿角色的转变，生命也进入了一个新的阶段。

这是否意味着，你应该告诉孩子，让他们忘记自己的需求，你的需求应该放在首位？当然不是。育儿的关键在于抚养孩子，这就意味着，你要关注他们的愿望，并确保满足。毕竟，你已经成年。但是，只有我们正确“养育”自己，才有能力成为一名平和的父母。

一方面，你需要更改自己的行为方式：一天之中，通过一些微小细节培养自己。另一方面，你要改变自己的心态：获得内心的平和。具体做法是，在一天之中，在照料孩子的同时，利用一切机会照顾自己。满足孩子和我们自身的需求。不利的方面是，这样做需要付出努力。但是，这种努力——以充满同情的方式，在内心拥抱自己的努力——能够促成我们质的转变。下面是具体做法：

☆ 养成一天之中尽可能多地倾听自己心理需求的习惯。做一次深呼吸，让气息流遍你的全身。吸入镇定，呼出压力。关注自身是我们都需要的一种根本的“精力集中”方式。

当你感到极度疲惫时

☆ **关注重要的事情。**你的孩子是否吃饱了？你是否拥抱了他们，是否告诉他们，你非常爱他们？孩子能感觉到我们的疲惫和精力分散，并通过行动表达，所以拥抱还可以让他们重返最佳状态。

☆ **寻求支持。**育儿是人类面临的最为艰巨的工作。我们都需要更多支持。正如作家安妮·拉莫特（Anne Lamott）所说，“通过出色的幽默和无数小技巧，让你和你最心爱的心灵患者顺利度过每一天”。我并不是指给孩子提供更多饼干。可以尝试给配偶一个甜蜜的吻（即使现在的婚姻状态并不美满）；给孩子一个热情的拥抱（即使他并不完美）；找一位知己，向他倾诉育儿的艰难（对方不能越俎代庖，试图解决你和你孩子的问题）。

☆ **自我支持。**像对待你爱的人一样，坦诚与自己交谈。在房间内张贴励志语录，鼓舞士气。将盘子暂时留在水槽中，痛痛快快地洗个热水澡。给自己一点儿时间，认认真真地欣赏日落。睡觉之前，找出三件事情表扬自己。确保足够睡眠。

☆ **亡羊补牢。**如果事情搞砸了，也没有关系。借此机会，将其作为人生教训，承担成年人的责任，真诚道歉、调整和修补关系。如果你愿意从两面看问题，愿意敞开心扉，每一次危机都可以演变为增进亲子关系的机会。

☆ **重新来过。**如果你发现自己提高了嗓门，马上停下来，深呼吸，然后说：“噢，对不起，我不应该那样说。我们再来一遍……我的意思是说……”你在为自己的不当行为承担责任，你的孩子也不会认为自己很糟糕。你为他们做出了榜样，他们也会纠正自己的行为。

☆ **表扬孩子。**虽然孩子让你非常生气，他身上总有让你喜爱的品质。当你注意到这种品质后，就好像告诉他，“继续努力”。他会像鲜花一样盛开。

☆ **不要带着情绪走开。**孩子希望通过你认识自己最优秀的状态。如果他发现你放弃了他，他也会自暴自弃。他是否迷失了方向？将他引向正途。不要和他一起在错误的道路上走下去。用你的爱拥抱他，他会向你靠拢，重新回到正确的轨道。

☆ **始终选择爱。**只要认真观察，你会发现生活充满了选择。你是否应该对孩子严厉一点儿？你很担心，如果对他不严厉，他就不会积极学习。你是否应该告诉你的配偶，你是正确的？你是否应该停止手中的活，舒舒服服地享受泡沫浴？从本质上来看，任何选择都是基于爱和恐惧。要尽可能地选择爱。每天，你都会面对众多与孩子互动的机会，治愈你们双方的创伤。你的人生便是你所有选择的结果。毋庸讳言，你会做出一些错误选择。每次选择都会影响你的教育方向。

当然，如果你“每天”都过得很艰难，说明你生活的某个方面必须改变。你需要有更好的感觉。孩子也需要你有最佳状态，而不是被动忍受现状。

☆ 每次当你感到愤恨或愤怒时，马上停下来。询问自己：“我现在需要怎么做，才能保持心理平衡？”然后，犒劳自己，无论孩子是否在你眼前。（在屋后的台阶上坐5分钟，倾听小鸟歌唱？一杯水？播放你喜欢的音乐，跳上几步？）如果你现在不能这样做，和自己做一个约定，以后弥补。（孩子上床后，洗个热水澡？和配偶一起喝一杯？今晚多睡一会儿？）

☆ 注意一天之中具有挑战性的时段，想办法顺利度过。你必须面对生活，你必须要为其负责，无论生活的感觉是否良好。自怨自艾并不能帮助你的孩子。孩子上床睡觉让你冒火？制定一个计划，让睡觉变得更容易。配偶划分职责，早作安排，张贴时间表，确保自己有足够的睡眠，给孩子读故事时为自己泡一杯茶。

☆ 每时每刻被美好和快乐环绕。不再忙忙碌碌，享受孩子的笑声、发丝的味道，以及掌握某种新技巧后他纯真的快乐。“感受玫瑰花香”能够振奋你的精神，生活变得充满意义。你饱满的精神面貌鼓励孩子更加亲近，更愿意配合，它可以有效治疗SAP紊乱症。

培养优秀儿童的十条规则

仅仅一个月，我的女儿发生了巨大变化。我不再心烦意乱，难缠之事转变为游戏和玩笑，规则得到执行，她也没有闹脾气。当我说话时，她认真倾听，比以前更加快乐、乖巧。这一切都是因为我改变了行为方式，她也越来越可爱。

——布里安娜，一个2岁孩子的母亲

父母们经常问我，培养优秀儿童的重要规则有哪些。在我看来，培养优秀儿童最重要的规则是针对我们的，不是针对孩子的。我们应以承担父母的责任为出发点，最终实现强化亲子关系的目标，这是最重要的规则。其他工作都是对孩子进行长期引导。

1. 最重要的育儿技巧：自我管理。照顾好自己，不要对孩子撒气。对孩子的行为进行干预，但是你的情绪不要失控。确保精神饱满。以更加同情的心态关爱自己，你对孩子就会释放更多的爱和同情。请牢记，无论你做什么，孩子都会模仿，包括大声吼叫，对自己的身体消极评论等。

2. 最重要的育儿责任：做孩子的支持者，不要放弃他。你不会对着一朵没有盛开的鲜花吼叫，你会给它浇水施肥。要赞赏你的孩子，对他的要求做出反应，不要猜测他需要什么。每个孩子至少需要有一个人110%地支持他。这并不意味着你的孩子永远正确，只是表示他永远值得你付出额外努力。你对孩子的每一份爱，都会收到积极回报。

3. 最重要的育儿秘诀：纪律——尽管讨论这一问题的图书汗牛充栋，但是根本行不通。惩罚只能让孩子的行为越来越糟糕。如果你希望孩子有责任心，善于体谅他人，避免惩罚是最重要的原则。不要惩罚孩子，而是循循善诱，对他的行为设定限制，并永远以感情作为诱导，包括孩子对你设定限制的感受。体谅和引导/限制同样重要，偏废任何一方都不可能取得成功。

4. 从未被人提起的孩子的需求：向专心“倾听”的你表达内心的感受是安全的。如果你希望孩子能管理自己的行为，他首先要有能力管理行为背后的情绪。如果你希望孩子能够管理自己的情绪，他首先要知道有一个安全的地方（你的臂弯）可以尽情哭泣或发怒，同时又不会被你制止。与哭泣一样，笑声也可以缓解紧张。所以，与孩子一起玩耍也是一种非常有效的方法，可以帮助他们表达恐惧和挫败感。如果孩子在年幼时期出现的严重情绪得到接纳，他就能尽早学会管理自己的情绪（从而控制自己的行为）。

5. **孩子渴望你的理解：他还是个孩子，已经做出了最大努力。**家长只需期望孩子的表现符合其年龄段特征，不要苛求完美，并始终关注重点。你的孩子在你的眼皮底下不断成长——他在不断发展变化，大部分不当行为都会随时间消失。与对待弟弟妹妹的态度相比，他凌乱房间的重要性要轻得多。

6. **最有用语录：不要带个人感情色彩。**不论孩子做什么，当你注意到自己要冒火时，以平和态度做出反应要容易得多。这样做并不是为了你，而是为了你的孩子。他还不成熟，正在尽最大努力学习和成长，但是需要你的支持。培养幽默感。这样做也会帮助你避免权力斗争。在权力斗争中，没有获胜者。不要固执于正确与否，帮助他们保持尊严。当他们惹你冒火时，借机找出让你冒火的根源，它就无法控制你的行为。

7. **局面难以控制时，请你牢记：孩子的所有不当行为都是因为他们的基本要求没有得到满足。**满足他们在睡眠、营养、放松、拥抱、亲情、乐趣、掌握和安全方面的需求。让孩子预先知道你对他们的期望。给他们提供“脚手架”——教育，循序渐进的引导——他们就能控制这些期望行为。（如果他们没有这样做，只能说明你与孩子的关系存在问题，而不属于行为问题。）

8. 最优秀的育儿专家是谁？你的孩子。让他向你展示他的需求，从婴儿时期就这样做。用心倾听。心甘情愿地变化和成长——并试着享受这一过程。

9. 唯一永恒的规则是什么？变化。昨天行得通的做法，明天就可能行不通。因此，你的育儿方式应随着孩子的成长而变化。每位父母都拥有完美的孩子，他们都能让我们了解我们需要知道的东西。

10. 最重要的规则：始终与孩子保持沟通，永远不要放弃你对他的爱，哪怕一会儿都不可以。孩子配合父母最深层次的原因是，他们爱你，希望让你高兴。首先，你应保护你与孩子的关系。这是你对孩子产生影响的唯一途径，这是你孩子最需要的。这种亲密关系使父母值得为孩子付出所有。

第二部分　建立联结

在这些时刻，我会安静下来，检查自己的心态。我会重新思考，我是爱孩子的，在这样重要的关头，我会站在他们身边，支持他们。我的孩子们能够感受到我的爱，他们的想法得到了验证，心声得到了倾听。当我脑海中一直忙于思考“大人的事”时，为我和孩子的交流制造了严重障碍。这种障碍让我们都很痛苦。

——安布尔，2 岁孩子的母亲

2 平和父母和快乐儿童的精髓

如果孩子知道自己很安全，知道有人在他身边，看护着他，他就敢于面对肿包、擦伤和失望。换言之，他就敢于学习、成长和培养毅力。如果孩子感到与我们建立了强有力的关系，就会爱护自己，也爱护他人。俗话讲，我们只是为孩子打下根基，他们自己会长出翅膀，这句话永远是正确的。同样正确的是，必须有一条安全的纽带，紧紧与他们的根基相连。此外，与孩子建立的良好关系是快乐育儿的秘诀。这就是为什么“建立联结”是本书三大核心理念之一的原因。

正如我们将要看到的那样，另外两大核心理念也包含在“建立联结”这一理念内。如果孩子认为，你没有和他们站在一起，没有以一种深沉有力的方式默默地支持他们，引导和非控制两大理念是不可能实现的。关于自我规范，你自身的情感完整性决定着你与孩子关系的深刻程度。

为什么联结是快乐育儿的秘诀？

有时，父母将亲子关系视为一种责任。毕竟，我们承担着许多责任，我们真正需要的是，在不受打扰的情况下，拥有一点儿属于自己的时间。

但事实上，亲子关系是对我们所有辛勤工作的丰厚回报。内心的温暖感让我们觉得付出的所有牺牲都是值得的。孩子必须明白，我们从他们身上得到了欢乐，否则他们会觉得自己没有被爱的价值。事实上，你在育儿过程中获得快乐的能力，是孩子成长最重要的因素。它促使你自然而然地为孩子付出一切，帮助他们成长，包括婴儿时期的轻声低语，3 岁时在家里闹翻天，到 5 岁时没完没了的絮叨。

这种深刻的亲子联系，也是平和育儿的前提。当孩子认为我们与他们达成统一战线时，他们就会更容易，甚至充满热情地配合我们。如果他们骨子里没有这种深刻认识，他们就会认为，我们的行为标准不公平，与他们心中的最佳利益相矛盾，包括拿最大块蛋糕，或者对我们撒谎。

如果亲子关系遭到损坏，任何“育儿技巧”都无法弥补。此时，育儿过程就像骑着自行车攀爬极为陡峭的山坡。相反，如果亲子关系很好，就像一路下坡。但是，你必须确保方向正确，路上肯定有曲折起伏，必须小心应对。

密切的亲子关系有助于我们掌握天生的育儿技能，促使我们站在孩子的角度看待问题，让我们成为更加优秀的父母。此外，密切的亲子关系还能让孩子以更加开放的心态接受我们的影响，即使他们以后融入更加广阔的世界，交友，上学，乃至整个人生，都能受到我们的积极影响。无数研究表明，密切的亲子关系能够为青少年提供最大程度的保护，让他们远离社会和同伴的不利影响。从婴儿时期开始，你就应该培养良好的亲子关系。

下面，我们讨论如何与孩子在童年时期建立联结。

伴随孩子成长的联结

婴儿期（0–13 个月）：塑造大脑

在孩子以最佳状态成长过程中，什么东西和食物一样重要呢？联结。人类天生有爱的能力和被爱的需求。整个情感发展——包括我们调节情绪、控制情绪、延缓喜悦、培养健康浪漫关系的能力——是以婴儿时期的抚养为基础的。事实上，我们大脑的形成过程与父母的交流存在直接联系。

新生儿降临这个世界后，大脑需要开发的内容很多。因此，人类才能灵活适应各种不同环境条件。在孩子 1 岁前，父母和他们的交流，对其大脑和神经系统的形成，乃至整个人生的发展，起到了重大的决定性作用。通过与父母的互动，婴儿要从生理和心理上学会调整。你的爱抚可以调整他的紧张和成长的荷尔蒙，他的心律会与你的保持同步。正如苏·格哈特（Sue Gerhardt）在《爱的重要性：爱抚对婴儿大脑形成的影响》（*Why Love Matters: How Affection Shapes a Baby's Brain*）中指出的那样，婴儿期“孩子会建立正常的生理刺激”,“他的生理系统会与周围的人协调一致。如果母亲情绪压抑，孩子就会适应低落的情绪刺激，习惯缺乏积极情绪的环境。如果母亲焦虑不安，孩子可能受到过度刺激，他会感觉你的情绪处于爆炸状态。”[1]

下面，我们分析一下父母与婴儿自然和正常的互动机制。婴儿会认真观察你的举动。你微笑，对他轻声细语，他也会微笑，并兴奋地舞动自己的双脚。看到他的健康状态，你更加兴奋地微笑和轻声细语。你们的情绪一起“舞蹈”，爱意和快乐进一步加强。过了一会儿，你的孩子玩够了。他需要镇定下来，重新回到较低刺激水平，他会把目光移开。有些父母转过脸继续对着他，希望让孩子继续微笑，但这只是他们的一厢情愿。你意识到，孩子需要休息，你开始换上安慰的口吻。他收回目光看了看你：这样交流是否安全？是的。你温和地微笑，已经降低了情绪强度。他舒舒服服地躺下，感到很满足。你明白了他发出的信号。他明白，他可以向你表达自己的需求，你会帮助他作为回应。这是一个美好而安全的世界，既有幸福，又有安慰。在你的帮助下，他能处理发生的任何事情。

这说明了什么？在与你的互动过程中，小宝贝通过自我调整明白了一个重要道理。他可以变得快乐，进一步强化，甚至极度兴奋。如果他发现调节失常，走得太远，就会发出SOS信号。你要帮助他镇定下来。生活是安全的，或者更准确地说，你在确保他的安全。你在帮助他调整自己的感觉状态，不论这些感受是好是坏。他对你的依恋可以确保他的安全，他可以相信周围的世界。

在孩子一周岁前，这种互动将多次重复。我们可以肯定，你的孩子理解了信任，并以生理方式镌刻在脑海之中。神经生物学家艾伦·斯霍勒说，在这次互动以及之后的所有互动过程中，“母亲将情绪程序下载到了婴儿的右脑。孩子利用母亲大脑右半球的输出作为模板，对自己大脑右半球进行电路印刷和硬连线”。[2] 你甚至还决定着他的海马体[3]（开发程度越高，越有利于学习效果、压力管理和心理健康）、前扣带（情绪调节）和杏仁核（情绪反应）的大小。大脑的早期塑造影响着以后的幸福水平和情绪质量，高质量的塑造意味着更高水平的人际交往、积极和消极情绪的调节以及自我安慰的能力。

重视婴儿期亲情培养，使育儿更加容易，孩子的愿望得到满足，获得安全感、幸福感，也更愿意与你配合。安慰对所有婴儿都很重要，安慰经历直接影响着他们控制负面情绪的能力。大多数婴儿都希望一直被父母抱着，这样可以帮助他们从生理上调整自己。新生儿的睡眠周期与母亲同步，因此靠近母亲睡觉的婴儿能够更好地调节刺激水平和呼吸状态，有效降低婴儿猝死综合征（SIDS）的危害。与婴儿保持亲密联系还可以帮助你理解他特有的暗示和需求，增强育儿信心。一旦孩子认识到，看管他的人为他提供了安全周到的呵护，内心的安全感就会增强，同时继续进行探索，适应环境，与他人建立人际关系。

现在，你可能已经认识到，亲密育儿（attachment parenting）是一种新趋势，通常被认为是比尔·西尔斯博士（Dr. Bill Sears）的研究成果。但是，这种理论并没有什么新奇之处，自从人类出现以来，人们就一直这样做。西尔斯博士说：“亲密育儿并非一种新型育儿方式……事实上，多少世纪以来，父母们就一直以这种方式抚养子女。不过，后来出现了育儿专家，他们以图书形式引导人们这样做，而不再仅仅受孩子引导。”目前，亲密育儿得到了大量学术理论和研究项目的支持，但是它的基本理念非常简单易懂。与其他哺乳动物相比，新生儿更加无助。他们需要父母的细心照料，直至自己能够生存。

不幸的是，社会上流传着一种神秘观点，认为育儿要求父母遵守自我牺牲原则。事实并非如此。你没有必要总是抱着孩子，或者一直陪着他们睡觉，并认为只有这样才能建立安全的亲子关系。唯一核心的指导原则仍然属于常识问题，健康的亲子关系要求你与孩子协调一致，并积极响应他们的需求。如果父母从内心不愿这样做，怎么办？

我们来重新定义一下亲密育儿。亲密育儿其实是对孩子的情绪和生理需求做出反应。婴儿时期的需求通常包括与父母近距离的身体接触。与育儿的所有技能一样，这种实践的能力取决于我们自身的情绪成熟程度。事实上，这一领域的研究颇为令人惊讶。我们可以预测怀孕期间，也就是说，即使在孩子出生前，他是否与父母关系密切。怎么预测呢？只需与父母交流便可。如果我们过去与自己的父母关系密切，我们的孩子也几乎肯定与我们关系密切。反过来，如果父母没有满足我们的需求，如果我们对联结存在偏见或刻意避免，与自己孩子建立密切关系的想法会让我们感到不舒服。幸运的是，亲子关系并不完全依赖于我们过去的经历，更多地取决于你对这一问题的认识。当你以成年人的视角回顾童年和情感经历，重温你的人生故事时，你的眼窝前额皮质就会成长——同时，你会更加积极地对孩子做出反应，创造一种安全的依附关系。事实上，作为父母，我们如何坦然面对自己过去的依附经历，比其他任何因素都能更加稳妥地预测安全依附状况，包括具体的育儿做法，例如，与孩子一起睡觉，以及陪孩子的时间。好消息是，如果你坦然面对自己的童年经历，就能有效转变对孩子的情绪心态，你的孩子也会健康成长，不论他是一个婴儿，还是一个 9 岁的孩子。

你是否担心，你的孩子是否有足够协调性。在孩子 3 岁之前，确保他的大脑实现结构优化，对于他以后的发展有着明显的促进作用。但是，最近的研究表明，在人的一生之中，大脑在不断生长变化。当你安慰自己4岁或6岁的孩子时，他的大脑也在向你学习如何自我安慰。他还有可能哭泣，以治愈孤独感和恐惧感。对于这种治愈方式，他有着开放的心态。你对他情绪低落表现出的耐心，是他克服昔日创伤的关键。更为重要的是，你必须牢记，他具有挑战性质的行为就像一面红旗，表明他需要你的帮助。你对孩子的谅解永远具有慰藉效果。

没有哪位父母能够永远与孩子保持同步。学者爱德华·特罗尼克（Edward Tronick）说，父母与孩子“处于‘完美’同步的交流时间是全部时间的20%－30%。其他时间，你们处于同步、远离同步、趋向同步的变化状态。这种非同步状态可以让父母摆脱永远完美同步的心理负担，因为你不可能完美。无论你多么努力，你都不可能完美。当你们重新联系时，能够发生的一件事情是——并非永远发生，只是偶尔——你创造了某种新的东西。你们找到了一种新的合作方式，这是以前从未有过的。如果你创造了某种新的东西，你就在成长。对于孩子来说，最重要的就是成长。”[4]

蹒跚学步期（13–36个月）：构建安全依赖

当你的孩子进入“恐怖两周岁”时，我们来看看亲子关系发生了何种变化。作为一个两周岁左右的孩子，他已经可以调节自己的生理状态，但是仍然很大程度地依靠你的帮助才能控制情绪。他前额皮质的情绪控制功能还在发育之中。具有讽刺意味的是，虽然学步婴儿希望明确自己是这个世界的积极探索者，但只有他与父母建立了安全的依附关系时，才能培养自己稚嫩的翅膀。

依附评估

“陌生环境”在孩子内心产生一个短暂而有压力的分离与团聚过程，对于他来说，这一过程是陌生的。根据孩子对陌生环境表现出的反应，研究人员认为，15 个月大的婴儿具有如下类型：

☆ 安全型：学步期婴儿会对父母离开表示抗议，当父母重新返回后，很容易得到安慰，这一状态被称为安全依附。暂时分离让他产生压抑，等父母重新返回，又相信父母会给自己安慰和安全。对建立了安全依赖的父母，他们会表现出明显的依附关系，但是这并非全部。随着他们的成长，这些孩子几乎在所有方面都具有较好的调整能力，包括人际能力和学术能力。

☆ 抵抗/矛盾/先入为主型：这些学步期婴儿会对父母离开表示抗议，当父母重新返回后，又会拒绝父母马上进行的安慰。显然，他们已经意识到，父母并不会永远满足他们的需求，所以难以迅速接受父母的安慰。事实上，他们会表现出愤怒，好像父母扣押了他们需要的东西。随着他们逐步成长，这类孩子会将注意力放在关系的重复确认上，不过由于要求太多，他们的参与程度常常不够。由于主观上对爱有着强烈的渴望，他们不能很好地完成与年龄相符的成长任务，如学习或独立试验。这类孩子通常过于喜欢与同伴玩耍，以弥补依附关系的缺陷。

☆ 回避型：这些学步期婴儿对父母离开可能不会表示抗议，当父母重新返回后，他们也不会寻求安慰。他们不会表达与年龄相符的需求，显然他们认为这些需求不会得到满足。虽然在这个试验中，他们似乎显得更为独立，但是在家里和学校，他们的独立性并不明显。事实上，幼儿园老师认为，他们比同年龄段的孩子更加焦躁不安，要求也更多。当我们观察他们在陌生环境的表现时，就会发现他们心跳很快，皮质醇水平很高。这说明，虽然他们学会了掩饰自己的心理需求，但是当父母离开房间时，他们内心实际非常不安。随着年龄的增长，这些孤独的孩子发现自己的情感需求极为强烈，非常可怕，不得不设法进行压制。除非有机会接受心理治疗或者强烈的爱促使转变，他们不会拥有足够强烈的亲密关系。虽然他们可能在学术或体育方面相当优秀，社交能力的欠缺常常影响他们的幸福感，甚至阻碍他们取得事业上的成功。

迄今为止，我们已经进行了 40 多年研究，包括纵向研究，对安全依附关系的影响进行跟踪。存在安全依附关系的孩子长大以后，他们常常可以建立更为出色的人际关系，更加自尊，面对压力表现出更大的灵活性和韧性，从学校到人际交往等生活的各个方面都更优秀。

虽然有些难以想象，但是 15 个月的学步期婴儿已经具备了人际关系的理解能力，并可以运用策略促使自己的人际需求得到满足。除非发生变故，否则他们一生之中都会运用这些策略。

假设 15 个月的孩子已经形成了安全依附感。她明白，她的父母会对她的暗示做出反应。现在，她可以步履蹒跚地行走，准备探索这个未知的世界。他是否还需要父母？非常需要。正如《抓住你的孩子》(*Hold On to Your Kids*)作者戈登·诺伊费尔德(Gordon Neufeld)和加博尔·梅特(Gabor Mate)所说的那样，父母是孩子的北斗星，孩子以父母为中心旋转。

试着将她带到游乐场，靠近她在长椅上坐下，看她在沙箱里玩耍。玩耍期间，她会不断抬起头，希望获得你的认可。然后，移到旁边的一把长椅上，但是并没有远离她。当她抬起头，马上呼叫她的名字。确保她能马上看到你，像往常一样挥手。但是，她是否会继续玩耍？不会，她会皱起眉，甚至可能哭泣。她几乎肯定会向你呼喊，或者向你走过来。她“重新”获得安慰，拥抱一下，然后才有可能再次返回沙箱。这是为什么？她的北斗星移动了位置，她必须重新定位。

日托对孩子产生何种影响？

与日托相比，孩子在家受到的照顾重要得多，在他的心中，对你的依恋占据着非常突出的地位。然而，如果你的孩子在托儿所的时间每周超过20个小时，这些时间肯定对孩子的成长产生影响。有些影响是积极的，孩子从同伴身上可以学到技能，拥有充足的探索机会。但是，婴儿天生愿意和某个成年人保持密切联系。父母与孩子的关系更加协调，此时父母无需分心照顾许多孩子，所以给予孩子更多呵护，能够更好地满足他们的需求。不幸的是，美国不允许人们带薪护理家人。因此2岁之前，大约有一半的孩子白天会离开父母。这段时间是孩子的重要发育期，是大脑情感中心的成长阶段。

在实践中，这有什么意义？当你对着两个月大的孩子微笑时，他需要过一会儿才能对你报以微笑。这种互动是眼窝前额皮质神经元发育的一部分，这些神经元是控制情商的大脑中心。但是，当日托中心的一位工作人员对婴儿微笑时，她没有时间等孩子反应过来回报微笑——她需要同时照顾两到三个孩子。如果一天之中这种情况重复多次，孩子可能缺失自己所需要的情感互动。相对而言，一对一照料时，日托工作人员可能像父母一样为孩子提供及时的情感反馈。

对于学步期儿童，如果他的需求得到了及时满足，更容易接受群体看护。父母应该知道，如果2岁的孩子大部分时间在日托中心度过，行为问题也最多。[5] 这很容易理解，存在压力的学步期婴儿——与父母分离是一种压力——发脾气的频率也会增加。幸运的是，同类研究发现，来自父母的高质量护理可以避免日托中心对孩子产生的不利影响。[6] 换言之，由于与父母分离，你的孩子发脾气的次数可能增加，如果你以同情方式面对他的举动，你们的关系和他的心理特征就不会受到伤害。可喜的是，与3岁之前的其他孩子一样，在日托中心生活的孩子也会表达不满。这可能是开始“上学”的最佳年龄，因为他能更好地通过语言表达自己的需求，可以等待需求得到满足。研究心理学家还在继续开展纵向研究，为我们提供日托中心对孩子需求的影响。不过我们也知道，高品质日托也非常重要。由于决定孩子以后情绪、焦虑和压抑倾向的大部分大脑开发是在第一年发生的，一定程度上我们已经了解了相关效果。因此，在第一年，也是最关键的一年，为孩子提供协调联结的重要性是众所周知的。

如果你需要让孩子上日托

☆ 选择热情、关爱、灵活和师生比高的日托中心。

☆ 尽可能推迟将孩子送日托的时间。

☆ 尽量将送日托的时间缩短。

☆ 尽量等到第一个孩子达到学前班年龄时，再要第二个孩子。这样，你可以增加陪伴两个孩子的时间。对于上日托的孩子，学步期更加累人。如果你睡眠不足，需要分心照料新生儿，大多数父母很难对学步期孩子保持耐心。

☆ 考虑取消电视时间。这样可以避免可能出现的敌对情绪（孩子在日托中心时，这种可能性更大）。此外，这样还可以将孩子的注意力放在你身上，充分释放他的心理暗示。

☆ 当孩子在家时，要按本书讲述的所有方式，热情与孩子互动，增强亲子关系。如果你的孩子不好管理，请记住，部分原因源自白天的分离，你应通过较多的肢体互动，强化亲子关系。你能给予孩子的最大保护，是永远与他维持一种快乐、平和的关系。

学前期（3–5 岁）：开发独立性

你仍然是学前期孩子的心理中心，也是他的北斗星（或称依附关系引导者），在此基础上，他才能完成心理定位。他通过原始层面明白，如果与你分离，他就会失去保护，面对可怕的危险，甚至可能死亡。他可能像一位实习律师一样与你讨价还价，在学校或与朋友相伴时，他的独立能力会逐步提升。不过，造物主让他始终对你存在依赖感。其中的原因并非只是他需要保护，他对你的依赖也促使他以开放的心态接受你的引导。他可能看起来并未一直“倾听”你讲话，但你仍然是他了解世界，包括了解他自己，最可信赖的信息来源。

学步期孩子上日托后，许多父母能够相对容易地安慰孩子由于白天分离产生的焦虑。但是，要让孩子上学前班难度明显增大，许多父母们为此伤透了脑筋。他们可能想：“我的孩子怎么了？为什么他的独立性没有增强？”

为了回答这一问题，我们有必要思考一下独立的真正含义。当我们说一个孩子独立时，经常指一个学步期孩子易于和父母分离，一个 5 岁的孩子易于在他人家过夜，一个 9 岁的孩子能够离家一个月参加夏令营。这就是独立的孩子，对吗？

实际并非如此。研究表明，这些活动与独立没有太大关系。它们只是孩子与父母短暂分离，与独立与否并非一回事。从生物学角度来看，孩子天生要有一个北斗星或者依附关系的引导者，当他们离开父母后，就会依赖另外一个人，包括好朋友或者老师。孩子更愿意接受对方的影响和引导。但是对于孩子来说，依赖同伴可能潜藏着危险。

此外，孩子很容易与父母分离本身可能并非好事。我们不可能希望一个 4 个月大的婴儿表现出独立；这可能是一种畸形发育迹象。你是否还记得前面讲过的 15 个月大的婴儿，在陌生环境下母亲离开时他竟然不抬头？他真的独立吗？不是。没有注意到父母离开房间的学步期婴儿，长大后并不一定独立。他们只是回避型儿童，他们已经不再要求自己的需求得到满足。因此，他们隐藏自己的焦虑，但是他们的心脏却在急速跳动。虽然他们能够义无反顾地去参加夏令营，但是易于和父母分离可能是亲子关系受损的一种表现，并对他们的交际能力造成障碍。

孩子需要一个可以依附的对象，才会感觉踏实。这是生存所需要的硬连线，父母为孩子提供安全基础，使他们获得足够的安全感，才能探索世界。研究表明，当我们以“强推”方式让孩子在情感上保持独立，他们的需求反而会更加强烈。有时，他们会过度参与同伴活动，将其他孩子视为依附对象。

如果孩子对父母的安全依附足够信赖，他便能探索世界，成功实施与其年龄相仿的发展计划，此时我们便认为他正在形成独立品质。这意味着，他能够与其他孩子玩耍，不攻击对方，以合适方式与老师交流，心态平和地参加体育团队，或者承担家务活动。开始时，这些活动通常需要父母的参与，随着时间的增加，孩子会独自处理。这是独立品质的形成。

因此，我们不应将独立与孩子离开我们联系起来，而应将其视为孩子面对世界的自信与能力，管理自己生活的水平，然后我们逐步降低直接参与的力度，为他们摇旗呐喊，打电话鼓励，提供幕后支持。

促使孩子独立的因素是什么？根基和翅膀。独立以安全依附为根基——孩子知道，必要时，爸爸妈妈会提供帮助。一旦孩子知道，当他们需要时，我们就会提供帮助，他们就能专心从事与自己年龄适合的发育任务，包括以更独立的方式处理自己的责任。如果他们不知道自己是否可以依赖父母，他们就会努力尝试赢得注意和赞许，反过来会影响他们从事相应年龄段的成长任务。如果父母没有为他们提供这种支持，孩子便会试图从同伴那里获得支持，结果常常很糟糕。

什么是翅膀？强有力的感受！如果我们允许孩子控制其年龄段的某些生活侧面，我们也鼓励他们培养独立品质。正如我们看到的那样，这种活动开始得很早。当孩子过了一周岁后，自信心便会增强。他们需要以最积极的角度感受力量。也就是说，他们可以面对世界，获取希望的结果。他们还需要知道，我们仍然会为他提供支持。在我们引导下孩子能力的培养，有助于其自信心的形成，这也是独立的开始。

小学期（6-9 岁）：为少年期打好基础

这一阶段是如何形成的？学前班的孩子已经羽翼丰满，变成了一名小学生。教育过程容易了许多，他们的自我控制能力大幅加强。他们更加配合，更加可爱。

但是，此时问题也会变得复杂。你必须为生活奔波，维持家庭的正常运转，让家人吃饱穿暖，孩子的独立人格逐步形成。孩子上学期间，大多数父母工作非常劳累，生活压力巨大，孩子的注意力不断转向同伴，让我们感到快慰。

但是，如果你与孩子在工作日分离，周末又经常安排体育运动，观看电影，在外过夜，你们之间的距离会越来越远。现在，孩子已经相当独立，与伙伴关系密切，沉醉于自己喜欢的电视节目。因此，你可以整个周末不在家，很少关注 8 岁的孩子。你可能还未意识到，但是你对他的影响已经开始减弱，他已经开始在家庭之外按照同学和媒体的标准塑造自己。

孩子会自然而然地转向同伴寻求友谊，转向媒体探索社会“标准”。如果他们不能坚定地将父母作为自己的北斗星，开始以同伴和媒体价值作为行动指针，就会潜藏危险。如果在孩子上中学前，我们不能与孩子形成密切关系，他们就会从其他方面寻求友谊和指导。不幸的是，当我们意识到孩子正在远离我们转向同伴时，我们将很难再吸引他们的注意力。

在孩子上小学期间，我们的目标是与他们建立一种强有力的关系，作为孩子同伴文化和社会基础的制衡手段，确保孩子少年时期的顺利成长。具体应该怎么办？

☆ 安排家庭例行活动，有助于建立联结。家庭聚会；星期日聚餐；

星期六午餐，与父亲一起去商店购物；每年9月一起去采摘苹果，或者在万圣节前夕一起制作服装。将任何适合家庭实际的建立联结的机会转变为例行活动，让各位家庭成员都期待它的来临，并如期举行。

☆ **不要同时安排几项活动，确保聚会质量。**相反，利用休息时间与孩子一起外出。现在，你要为以后出色的亲子关系打下良好的基础。

☆ **关注孩子发出的独立暗示。**成熟不可能一蹴而就，小反复在所难免。请牢记，经过一段时间的独立“成长”后，例如，在外过夜，孩子的“自我照顾”需要你给予额外关注。不要责备他应该“成熟一点儿”，而是从更深层次与其沟通，满足他的要求。

这一阶段如同你已经完成了孩子的如厕训练，但是他们还未到10岁左右的年龄。这是你最后的，也是最好的育儿机会。此时，你仍然是孩子生活的中心，要充分利用小学时期甜美和理性的时光。

联结的基础

从你的日常邮件和网站中，我获得的一个最有价值的理念是，我们每一个人真正需要的是爱。这句话看起来非常简单，但是在盛怒之下，又极难做到。对你的工作熟悉之后，我开始向儿子重复他说的话和心中的诉求。不论我是否愿意满足他的愿望，我知道我在满足他被关注和认可的重要需求。对他来说，有时候，知道我在倾听就足够了……事实证明，和我沟通是他真正的愿望。

——艾希莉，一个2岁儿子的母亲，且正在怀孕在临床实践中，我经常遇到一些家庭在孩子抵达某个年龄段后出现危机。第一个年龄段是 13 个月左右。此时，孩子开始学习走路，并开始闹情绪。有些父母会寻找一些积极策略，确保小宝贝得到安全保护和恰当指导，并使他相信爸爸妈妈一直在他身边。这些家庭处于双赢状态，只要他们保持倾听，避免惩罚，关注任何矛盾，他们就能永远与孩子保持密切关系。

那些开始惩罚孩子的家庭又怎么样呢？他们每惩罚孩子一次，对孩子的影响力就会削弱一分，但是他们对此并不清楚。只要我们对孩子进行恐吓，将他拉到一个房间关禁闭，虽然孩子会屈从我们的命令，但是每次惩罚之后，他倾听我们的话语愿望就会减弱。当他五六岁时，我们就很难从身体上对他控制，他也会表现得非常叛逆。到十几岁时，这种情况会更加严重，他们会夺门而出，从所有错误的地点寻找缺失的爱，幼稚地拒绝家人的保护。

如果你一直惩罚孩子，你可能认为这种说法有点儿大惊小怪。毕竟，你的孩子爱你。大多数时间，他会按照你说的去做。从某种程度上来说，你是对的。孩子天生爱父母——即使受到父母伤害，他们也会爱自己的父母。但是，如果他们不遵守与他们对立的成年人的命令，他们生存的概率就会增加；如果你惩罚他们，你的孩子就会有足够的证据认为你与他们对立。所以，惩罚只能削弱你对孩子的影响力，破坏你与孩子的亲密关系，随着孩子的成长，他对你的依赖逐渐减弱，这种情况就会愈发明显。

现在再改正是否已经太迟了？永远不会。你永远可以修补受损的亲子关系。不过，你必须付出艰辛的努力，拥有坚强的意志，以及对孩子深深的爱。本章将告诉你如何做。

如何与孩子建立更加密切的关系？

每天，我都会以孩子为中心做 10 分钟游戏，我丈夫回家之后，也会这样做。所以，有时我女儿一天之中，会得到我们 20 分钟全身心的关注。这是我们教育孩子的关键。每次游戏后，我的女儿都会更加配合，愿意倾听，情绪也会更加稳定。我们越以她的方式和她沟通，我们就会看到一个更加快乐、愿意配合、更加自信、充满尊重和爱心的女儿。在我们和她一起玩耍后，她甚至愿意将自己的玩具和弟弟分享。对于我们来说，这种方法就像一个电灯开关。秘诀在于确保玩耍时间，在事情不好处理时，注意情绪控制。联结，联结，联结。这种做法值得一试！

——特丽莎，一个3岁女儿和一个婴儿的母亲

假设，你需要投入大量时间与孩子培养良好的亲子关系。高质量交流十分神秘，没有开关可以打开亲密关系。假设你一直在努力工作，过去6个月你很少见到丈夫，今天你专门腾出一个晚上陪他。他是否会马上敞开心扉？不会。在人际关系中，没有数量，就谈不上质量。如果你一直工作，陪伴你女儿的都是朋友、电视和保姆，你不可能期望与她有着良好的亲子关系。因此，尽管你面临工作和生活的巨大压力，但如果你希望与孩子建立更加亲密的关系，你就必须腾出时间，每天都腾出时间，确保进行联结。

我们只有通过日常行动才能赢得孩子的信任：遵守承诺与孩子一起玩耍，按时接他回家，在他心情不好时能够理解他。为了建立联结，你无需做非常特别的事情，每次互动都会塑造亲子关系。一起购物，一起乘车，一起洗澡，与你安排的盛大的生日聚会相比，这些活动的重要性毫不逊色。他不想分享自己的玩具，不想上床，不想做作业？随着年龄的增长，他如何处理每一个挑战，是你们关系和他精神的一块基石。由于我们大部分时间用于管理孩子的日常生活，确保这些活动充满乐趣、欢笑、温暖，而不是简单地让他按时间表做事，这一点很重要。玩耍是消除孩子紧张情绪、建立亲子互信的一种非常可靠的方式。

不幸的是，生活充满无数纷扰和分离，势必侵蚀亲子关系。工作、学

校、技术、疲惫、确保孩子从事各种活动的责任，阻碍了更深层次亲子关系的形成。对于孩子来说，日托要与父母分离，睡觉也是一种分离。事实上，对于年幼的孩子来说，只要你将注意力转移到其他地方，就是一种分离。这就是为什么我们一打电话或者开始做饭时，孩子就会捣乱的原因。即使你带着孩子出去办事，他们也会注意到你的注意力放在一系列事件和商店店员身上。于是，他们会捣乱，希望引起你的注意。

这就是为什么所有父母必须不断强化与孩子的关系，及时修补因日常生活分离和注意力分散产生的关系损伤。除非你与孩子重新建立了积极关系，否则有效育儿几乎是不可能做到的。所以，将这种方法作为一种预防性维护措施，避免问题的出现。通常，父母会给孩子提供一个心理依附的支柱或指南针，保持正常心理定位。当他们与我们分离，就会需要一个替代者，他们会选择老师、教练、电子设备或同伴作为自己行动的中心点。当你从身体上将孩子重新拉入你的轨道时，要确保他在情绪上同时回归。

当孩子与你重新团聚后，要确保满足他们的依附需求，即《远离我的生活，不过请首先开车将我和谢丽尔送到商场》（*Get Out of My Life, but First Can You Drive Me and Cheryl to the Mall？*）作者安东尼·E. 乌尔夫（Anthony E. Wolfe）提倡的“自我照顾”。那么，什么叫自我照顾呢？你的孩子在托儿所一直玩得很开心，但是你出现之后，他的情绪便一落千丈。这是因为，他一直在刻意压制自己的依附感，以便在新环境中能够独立生活。你的出现向他发出一系列信号，他明白自己可以放松下来，解除戒备。于是，他成人的一面（我们称之为他的执行功能）急切渴望休整，孩子的一面占据上风，哀怨、无助和放肆一股脑儿展现出来。此时，不适合对他进行引导，他还不能马上控制自己的理智。将他抱起来，给他依偎，带着他离开托儿所。有的孩子还会依偎在你的怀抱中哭泣，然后才能坐到汽车座位上，“大学生”又变成了可怜兮兮的小宝宝。要充分接受他的表现，你的出现让他感到了莫大安慰。有些家长反对这种做法，认为是在“鼓励孩子的依附感”。我认为，应该允许孩子的这种依附行为，他的依附感始终存在，否则只能遭到压制。不要担心，你的孩子不会永远依附于你。事实上，依附感得到满足的孩子反而能够更快地培养独立精神。依附感遭到压制的孩子会转向同伴寻求慰藉，同时沉溺于小游戏，如电子玩具，将依附需求隐藏起来。

如何知道你与孩子的关系何时需要维护?

> 有时，我的女儿似乎故意和我作对，这是对我耐心的最大挑战。在您业务通讯的启示下，我决定做一个试验。当她和我作对时，我便走到她身边，对她热情拥抱，然后告诉她我多么爱她。接下来，我会以温和的口吻再次重复我的要求。这种尝试产生了奇妙效果，我的血压迅速下降，她的行为也发生了令人难以置信的变化。仅仅一个简单的拥抱，她便从桀骜不驯转变为渴望配合。
>
> ——克莉丝汀，一个3岁女孩的母亲

亲子关系需要维护的最明显证据，是孩子桀骜不驯的行为。孩子关注的焦点永远与成年人不同，但是他们内心希望与我们保持良好关系，希望与我们合作。如果他们有不听话的表现，说明亲子关系出现了问题。因此，桀骜不驯并非自律问题，而是关系问题。

小孩子非常容易原谅他人，渴望获得父母的认可，至少某些时候希望与父母保持亲密关系。因此，大多数父母认为，他们与孩子的关系很好。我们当然知道，我们爱自己的孩子，尽管我们会发脾气。但是，当孩子上六年级后，只有不到一半的美国孩子认为，他们与父母的交流是积极的。

如果你感觉自己不能与孩子顺利交流；如果你的孩子看上去不听你的话，或者不按你的要求行动，或者看起来越来越习惯了你的愤怒；如果你经常大喊大叫，发出“威胁”，或者限制孩子的行动，那么你与孩子的关系需要进一步维护。但是，即使孩子看上去难以训诫，他也会向你发送信息，表示他需要某些缺失的慰藉。

不过，这并不表明，你已经改进了育儿策略。许多孩子难以沟通，因为他们身体不舒服、意志坚定，或者天生具有挑战性，例如，对焦虑或压抑具有某种遗传品质。还有一些孩子遭遇了风险因素，例如，离婚、疾病、分离、母亲的产后抑郁症、当他们还很小时另外一个兄弟姐妹出生等。与父母以外的人相处很长时间，并不能满足所有儿童的心理需求。许多父母沿用一些过时的育儿理念，希望为孩子提供最好的教育。我们的传统文化并没有告诉父母如何对孩子进行情绪引导，充满挫折和焦虑的情绪包袱会让孩子不堪重负，缺少亲近感。最后，由于人性本质，我们与孩子的关系必然会出现冲突。面对这些情况，孩子会觉得与父母存在隔阂，必然表现得桀骜不驯。这是一种危险信号，要求我们必须设法修复与孩子的关系。

修复联结需要耐心，我们必须调整自己的情绪和心理，付出艰辛的努力，才能修复受损的亲子关系。值得庆幸的是，修复亲子关系什么时候都不算晚。由于每天都会发生亲子分离和冲突，所以每天都要尝试细微的情绪修补。较大修补需要更多时间和精力，有时甚至需要治疗师的帮助，但是这种细微修补是完全可能的。在孩子的心目中，没有人能够取代你的位置，你永远是孩子的父母。他可能看起来对你变得冷漠，但是你可爱的孩子一直渴望着与你重新建立联结。

与顽劣的孩子建立联结

如果你的孩子对联结表现冷漠，怎么办？患有孤独症或感觉处理存在问题的孩子是非常典型的例证。他们内心渴望联结，只是你必须发挥创造力，找到与他们沟通的最佳方式。如果你的孩子属于这种情况，我强烈建议你不要放弃与他沟通。细心观察你孩子的反应，然后相应调整你的沟通方式。

那么，如何处理专门与你作对的孩子呢？他们故意尖叫，用手指挖你的鼻孔，或者对着你吐口水，拒你千里之外。不论你是否相信，即使这些孩子，也希望与你沟通。事实上，消除他们这些乖张行为的方式是强化交流，而不是一避了之。我们来分析一下这个过程。

乔纳森 13 个月时，总是没完没了地啼哭。他早晨睁开眼便大哭大闹，整天哼哼唧唧。他好像下定决心，一门心思捣乱。每次妈妈给他换尿布，或者爸爸抱起他离开电视机，他都会大声尖叫。他不喜欢躺在婴儿背带中，总让妈妈抱着或者坐在膝盖上。此时，他会拉扯妈妈的头发，将手指放进妈妈的鼻孔，或者对着妈妈的耳朵大声尖叫。当妈妈布鲁克希望做点儿家务时，乔纳森就会从书架上扯下图书，随手乱扔，或者将抽屉里的东西全部倒出来。他故意一边看着妈妈，一边打小狗，或者将尿布扯下来，在地板上撒尿。布鲁克感到，作为母亲，她肯定犯了某种严重错误。

布鲁克开始自己带孩子——这永远是育儿的第一责任。每天早晨，她都会带着乔纳森到户外活动，与其他父母和孩子一起玩耍。乔纳森的啼哭现象开始减少，她意识到孩子肯定是厌烦了整天呆在家里。她还开始调整与孩子发生冲突的做法，回想小时候父母强迫她顺从他们的愿望，甚至包括一些琐碎的小事。她决定让意志坚定的孩子更多地控制自己的生活，并开始为他提供选择："红杯子还是蓝杯子？"为了降低自己的愤怒感，布鲁克彻底布置了家中摆设，确保孩子安全。当孩子"撞倒东西"，她只是简单地耸耸肩，告诉自己乔纳森在锻炼自己的情商，通过各种活动在培养他的独立意识。这些变化让育儿过程变得轻松，但是乔纳森有时仍然很不听话。

布鲁克决定尝试新的沟通方式。她尽可能多地以温和的眼神注视乔纳森，主动给他爱抚，而不是只在他哭闹时才抱起他。她开始和乔纳森在家中尽情玩耍，在地毯上翻滚嬉戏。在此期间，乔纳森开心地欢笑，使他心中的苦闷释放出来，消失得无影无踪，他也变得越来越具有灵活性。接下来，布鲁克开始以尊重的方式接触乔纳森的身体，让他自己洗脸，在他站立着玩耍时给他换尿布。乔纳森越来越乖巧，布鲁克也意识到，乔纳森过去的粗鲁行为只是渴望沟通的一种暗示。她开始以嬉戏的方式对孩子做出反应。例如，"你是不是又想把手指放进我的鼻孔？不，不可能。我们来玩鼻子和手指游戏怎么样？看你能不能碰到我……没有……好，该我了……我的手指能不能靠近你的鼻子？哦，你太快了！”当乔纳森要对她吐口水时，她便带着他来到户外，和他进行口水比赛。这种做法再次拉近了他们之间的距离。最后，当她的确需要设定界限，乔纳森怎么哄都不听时，布鲁克便想，孩子需要哭泣，并充满同情地搂着他，而不是发脾气。有时，乔纳森会挣脱她的臂弯。但是，几分钟之后，他又会一边哭泣，一边爬上妈妈的膝盖，搂着她。采用新方法一个月后，布鲁克说，乔纳森发生了彻底转变。“他仍然非常倔强，但是比过去快乐了许多，生活也变得更加轻松。”通过顽劣执拗的乔纳森，布鲁克学会了如何处理孩子的特殊需求。

这种做法是否永远如此轻松？不是。孩子教育的难点五花八门。但是，强化亲子关系，永远有所帮助，不论孩子多么顽固，情况多么糟糕。

行动指南

孩子的情绪银行账户

为孩子设定限制，拒绝他们不合理的要求，纠正他们的行为，永远是育儿工作的一部分。有时，我们的方法足够巧妙，孩子甚至不会意识到那些互动过程是负面的。不过，这种情况非常罕见。更多的时候，他们认为，我们在拒绝他们的要求。但是，他们的这种怀疑让我们受益，所有其他充满爱和肯定的沟通活动，都积极推动了我们关系账户的正向平衡。

但是，尽管我们非常努力，有时我们与孩子的关系总是无法处于最佳状态，亲子关系账户出现赤字。但是，这正是孩子培养独立人格的表现，不论他们是 3 岁，还是 10 岁。因此，如果你发现与孩子出现了摩擦，就要及时检查亲子账户的结余情况。尽管你认为孩子正在经历叛逆阶段，也要努力这样做。一旦孩子发现与你的关系更加密切，这一阶段就会变得十分轻松，让你感到喜出望外。

☆ 孩子的挑战意味着你的亲子账户出现了赤字。过去两天，你与孩子的互动联结有多少？

☆ 你需要如何做，才能充实你的亲子账户？今天就想好两件需要做的事情。例如，“放学后，在孩子吃饼干或者做作业时，和他一起坐一会儿，进一步了解他上学的情况……早点儿上床睡觉，关灯后多和他相处10分钟，促进建立联结。”

☆ 考虑哪些因素导致你的亲子账户出现赤字。将来，你需要如何才能确保亲子账户处于健康状态？写下5件事情。例如，你可以做这样一个列表：“确定更多方法，确保下午和晚上活动更加有趣，避免一味指责挑剔……晚上关掉手机，让我有更多时间照顾孩子就寝，不必对他大喊大叫……晚上躺在床上讲完故事后，再花5-10分钟，和他亲密依偎……早点儿上床睡觉，确保充分睡眠，让我第二天早晨更有耐心，不会对他大声呵斥……每月找一个星期天与他一起出去吃一顿饭。”

特别时光有什么特别之处？

下面是我们实施“特别时光”后，孩子发生的变化：

⊙ 一天之中，他们的要求明显减少，独立性也明显加强。

⊙ 兄弟之间的冲突大幅降低。

⊙ 观看电视的“需求”降低50%。

⊙ 当我做家务时，他们不再骚扰我，因为他们知道，等我忙完了就会去陪他们。

——克莉斯汀，一个6岁和一个8岁孩子的母亲与孩子共度特别时光的父母总是告诉我，他们孩子的行为发生了明显变化。为什么？因为特别时光能够：

- ⊙ 满足孩子最基本的时间需求——不幸的是，人们经常忽略这一点。让他们充分体验父母全神贯注和充满爱意的关怀，否则他们不会茁壮成长。
- ⊙ 日常分离和冲突后，要与孩子重新建立联结，确保他们更加快乐，更加配合。
- ⊙ 经常向孩子提供安全机会，让他们释放“塞进”背包中的所有哀伤和恐惧，否则必然导致负面行为。
- ⊙ 强化对孩子的同情感，确保与他们相知相通，更多地从他们的视角看待事情。
- ⊙ 建立互信基础和伙伴关系，在此基础上，当孩子心烦意乱情绪不安时，才能信任而不是回避我们。
- ⊙ 从最根本的层面上说服孩子，让他意识到他对父母有多么重要。（当然，你知道孩子有这种认识，但是有时他会产生怀疑。）

如果经常培养亲子关系，最好每天都有所改善，孩子就会从“特别时光”中受益匪浅。将这种做法视为预防性维护，确保家庭生活正常运转。如果你和孩子的关系出现了问题，增加“特别时光”是实现改变的第一步。那么，你应该怎么做？

1. 公开宣布你希望与每个孩子共度 15 分钟的“特别时光”，且一周之中相聚天数尽可能地多。你可以为这些“特别时光”赋予最特别的名称，例如，用你孩子的名字——“劳伦时光”。

2. 选择一个其他孩子被他人照顾的时间（即使他们希望得到同样的

如果经常培养亲子关系，最好每天都有所改善，孩子就会从“特别时光”中受益匪浅。

待遇，一定确保他们年龄足够大，足够安全)。

3. 为你孩子的15分钟“特别时光”设定计时器。关闭所有电话，确保在此期间不受呼入电话的打扰。

4. 告诉孩子：“今天你做主，决定如何度过我们的‘约翰时光’。我明天做主。我们交换一下角色。所以，这15分钟内，我完全听你安排。你希望做什么？”

5. 将注意力百分之百放在孩子身上，不要安排其他活动，不要受任何事情的干扰，完全听他的调遣。如果他希望玩积木，不要急不可耐地告诉他如何盖高楼。相反，你要安静地观察他如何思考、玩耍和创造。偶尔，表示你看到了什么：“你的大楼越来越高了……你在踮着脚尖把积木放上去。”如果他希望你牵着他滑旱冰，而他一遍又一遍地摔倒，要把它当成你的锻炼机会，让这段时光充满乐趣。一定不要对孩子进行判断或评价。在他询问之前，一定不要主动讲出你的想法。不要忍不住去看你的手机。将全部身心放在孩子身上，确保他看到和感受到你的存在。

6. 如果孩子想做过去通常你不允许他做的事情，要确保一种安全的方式，确保时刻保护他。或许，你经常告诉他，从化妆台跳到床上太危险。但是，在“特别时光”，你可以将床推到化妆台旁边，当他跳时，站在他身边，确保他的安全。或许，他一直希望拿父亲的刮胡泡玩，但你不希望他将一整罐都给浪费了，或者将泡沫倒出来。在“特别时光”，你可以给他买一罐廉价的刮胡泡，让他在浴缸里玩耍。然后，你们再一起清洗浴缸。如果你不能满足他的愿望（例如，去夏威夷度假），找一个类似的活动（制作草裙，和他一起玩草裙舞)。

为何如此？你的孩子会意识到，你真的非常关心他的愿望，尽管你并不总能满足他（所以，他不会觉得自己可以随心所欲，总体上更有可能与你配合）。由于在“特别时光”，他可以尽情满足自己的好奇心，充分感受新奇经历，这些愿望便不再属于“禁果”，他也不会背着你大胆尝试。

7. 轮到你决定做什么时，要利用游戏开发孩子的情商，增强亲子联结。每次进行一段安静的谈话或拥抱。你的目的是帮助孩子释放心理压力——或者说消除恐惧——最直接有效的方式是大笑。这通常意味着在家里痛痛快快地玩一场，让孩子开心欢笑。当然，我知道，对于身心疲惫的父母来说，这样做非常耗费精力。但是，这一过程仅仅需要15分钟，而且你也会发现自己更加精力充沛。要想尽一切办法让孩子开怀大笑，这通常意味着让他做恐惧和忧虑的事情——以他能自我控制为前提。请参考第三章“与孩子一起玩耍：利于情商的游戏”。你还可以通过玩上学游戏，帮助孩子解决学习过程中遇到的问题。让他扮演老师，给你布置大量作业，当你不知道答案时，让你出丑。或者，和他一起玩篮球，让他控制场地。在所有这些游戏中，父母应该无助地叫嚷、虚张声势、大张旗鼓地表演，就是抓不住更加健壮、快速和聪明的孩子，让他永远战胜我们。游戏的目标是让孩子欢笑，起到与哭泣一样释放压力的效果。因此，无论何种方式让你的孩子欢笑，都要尽力去做。

8. 当定时器响起，就要结束“特别时光”。“特别时光”需要一定限制，要表明它的规则与普通生活的规则不同。定时时间一到，给孩子一个热情拥抱，告诉他你非常喜欢与他一起度过的这段时间，你们不久还要举行类似的“特别时光”。如果孩子情绪低落，要像以往一样温和处理（“我知道，结束“特别时光”的确让人伤心。”）。但是，不要因此延长“特别时光”，就好像不能为了避免让他发脾气而“让步”一样。

9. 要注意，在“特别时光”，你孩子的情绪会异常高涨，特别是在结束时。但是，这并不意味着他的愿望是一个无底洞。相反，这表示与你一起玩耍让他感到更加安全。因此，他一直压抑的情绪会在此时显露出来，需要恰当处理。或者，这也可能表示，让你离开，会让他想起与你一起玩耍的机会多么难得。通常，孩子会在“特别时光”结束时出现情绪，所以要在游戏结束时预留一点儿缓冲时间，以免孩子无法接受，尤其你刚刚尝试这种做法，或者孩子最近一直心情不佳。当孩子情绪低落时，要表示同情，庆幸孩子对你如此信任，向你充分表达自己的内心感受。（参见第三部分里的“利用情绪引导克服愤怒”。）

“特别时光”有什么特别之处？它能彻底改变你和孩子的关系。良好的亲子关系是优质育儿的前提，还有什么比这更特别的吗？

利用日常习惯强化和改善亲子关系

父母都是凡人。有些时候，我们只能满足孩子最基本的需求：给他们食物，为他们洗澡，鼓励他们，拥抱他们，在合适的时间安排他们睡眠，然后明天重新来过。育儿是世界上最艰难的工作，对于大部分父母来说，育儿还是他们的业余工作，所以要与孩子保持密切关系，唯一的方法是培养良好的日常习惯。那么，都有哪些日常习惯呢？

☆ 安排琐碎的日常活动，在白天拉近你和孩子的距离，尤其是你和孩子分离期间。例如，每天早晨安排5分钟时间与每个孩子亲密依偎，让他们更好地面对白天的分离，然后再要求他们进入“正常状态”。（许多父母利用电视实现这种过渡，结果与孩子的距离进一步疏远，他们会变得无所事事——父母也会更加失望）。

☆ 在你进入另外一种状态以及他意识到分离前，利用一段时间对他们进行情绪鼓励。例如，上床睡觉，上幼儿园，甚至购物和做饭前。

☆ 每天12次拥抱。亲子关系极为重要，对于大多数孩子来说，这种关系取决于身体接触带来的感觉。著名家庭医生维琴尼亚·萨提尔（Virginia Satir）说：“我们每天需要4次拥抱才能生存，需要8次拥抱才能维持正常状态，需要12次拥抱才能有所进步。”每天起床之后，第一件事就是拥抱你的孩子。每次分离或再次相聚，都要拥抱他们。此外，在其他时间，也要尽量给他们以拥抱。每天上床睡觉时，都要和他们闲聊几句，或者和他们嬉戏几分钟。无论你的孩子已经9岁，还是刚刚蹒跚学步，这一点对他们都非常重要。如果他们不习惯频繁拥抱，可以尽量拍打他们的肩膀，或者碰碰他们的双脚。

☆ 与孩子交流时，关闭各种电子设备。一定要这样做。你的孩子一生都会记得，他对父母非常重要，当他们和他在一起时，便会关掉电话。

☆ 晚上是家庭团聚时间。在晚饭前停止工作，与家人共度夜晚时光。关掉你的手机和计算机。不要受电话和电视的干扰，和家人一起吃饭。不要受规矩约束，让大家享受温馨与亲情。

☆ “特别时光”。每天，拿出10-20分钟的时间，与每个孩子单独相处，周末进一步加强。交替满足孩子和你的愿望，在日期选择上，要防止将各种活动混杂在一起的做法。相反，要采用在家嬉戏的方式，帮助孩子释放压力，强化亲子关系。（参见第三章“与孩子嬉戏：利于情商的游戏”。）

☆ 当你和孩子在肢体上重新建立联系之后，有意识地将注意力放在孩子身上。当然，你会很自然地回想刚刚参加的会议，或者需要去商店买什么东西。在与孩子重新建立联系之前，要将干扰降到最低。如果孩子坐进汽车你便关掉收音机，你便更有可能与他交流，听他讲述足球比赛发生的事情。当你或孩子刚刚回家，相互打招呼时，即使是日常分离，也一定不要听电话。

☆ 适应孩子的情绪。经过一段时间的分离，你和孩子的情绪可能不一致。为了重新建立联系，你需要自我调整，适应孩子的心情。

☆ 在孩子的水平上与其建立联系。《与孩子保持联系》一书作者和“收集你的孩子”说法的发明人戈登·诺伊费尔德和加博尔·梅特，将这种联系称为“以友好方式与其碰面”。首先，见面之后拥抱对方，目光接触。然后，一直与他们呆在一起，直到重新建立温暖的感受。对于2岁的孩子，这很容易做到；如果孩子已经8岁，是否就有些困难了呢？半开玩笑地“摆弄”他的脚，轻轻按摩一会儿，她便有可能向你讲述白天发生的事情。通过这种方式，直到十几岁，他都会将你当成知心朋友。

☆ 不要让裂缝扩大。你与孩子的关系应该保持融洽。孩子应该从内心深处明白，父母非常爱他们，有他们相伴，父母会非常开心。如果你没有这种感觉，就要借助一些手段，积极改善你们的关系。如果孩子似乎希望将你赶走，你就选择退却（不包括暂时和策略性退却），这种做法永远是错误的。每一个困难都是修补联结的机会，只要你深入理解他们，孩子就会感到你在认真观察、倾听和接受他们的心声。

☆ 牢记 5:1 规则。科学家们找到了一种判断夫妻是否会离婚的方法：如果每出现 1 次负面交流，夫妻之间的正面交流不能达到 5 次甚至更高，他们就很有可能离婚。保持 5:1 的比例，可能是有效维护所有人际关系的法宝，包括亲子关系的维系。如果你发现与孩子的互动存在紧张，说明你需要5次机会，尽快改善你们的关系。

利用联结让孩子在清晨离开家门

我女儿对状态变化很不适应，包括早晨起床。起床之后，她总是又哭又闹。所以，当她醒来后，我总是用 5 分钟时间陪她。结果，我们改变了她的这一习惯！现在，她喜欢上了这种亲密时刻，5 分钟之后，她会欣然起床，表现得很开心，很配合。

——凯姆，5 岁孩子的母亲

如果你无法顺利让孩子准时离开家门，下面我们讲述一下秘诀。重新整理早晨的思路。如果你的主要目的是与孩子建立情绪联结，该怎么办？如果这样，你的孩子便会拥有一种真正“满杯”的时刻。他不仅更愿意与你配合，还能更加积极地面对白天可能遭遇的各种挑战。那么，到底应该怎么做呢？

☆ 尽可能早地安排大家上床就寝。如果早晨你必须叫孩子们起床，他们的睡眠时间很有可能不够。每少睡 1 个小时，他们的大脑功能就会降低 1 岁，也就是说，他们的行为就会更像年幼的孩子。

☆ **你也尽早睡觉。**很抱歉，我必须告诉你一个坏消息。如果你必须使用闹钟，也不会获得足够睡眠。你的孩子通过你的安排才能获得充足睡眠，以“满杯”的状态，迎接新的一天。当你筋疲力尽时，不可能保持耐心。

☆ **额外准备。**比孩子早点儿起床，在与他们接触前，确保你能够集中精力。比规定时间提前 15 分钟上班。一半时间是为了确保你不会迟到，你也就不会对孩子发脾气；另一半时间是为了开始工作前有一个好的状态，提供工作效率。

☆ **在前一天晚上做好准备。**准备背包和文件袋，做好午餐，摆好衣服，拿出咖啡杯，准备早餐用具。此时，要鼓励孩子参与，询问他们希望穿什么衣服，或者准备好玩具。

☆ **确保孩子醒来以后，给每个人 5 分钟拥抱。**我知道，这听起来似乎不可能。但是，如果一切都已充分准备，你仍然有 10 分钟休息时间。与孩子短暂的交流，可以大幅提高早晨的生活质量。

☆ **利用例行沟通方式，让孩子轻松适应状态变化。**孩子很难适应状态变化，早晨又充满了各种变化。如果让孩子起床是一个难题，5 分钟拥抱之后，手牵手与他们一起下楼，并使之成为有意义的沟通时间，同时想象你们都心存感激的事情，或者都希望今天即将发生的事情。（当然，你的愿望要与孩子的联系起来。）

☆ **让例行活动尽可能简单**。然而，并不存在具体规则。为什么女孩不能穿着T恤和细腿毛线裤睡觉，然后又穿着它们去上学？为什么男孩不能在汽车内吃三明治，而是必须在餐桌旁喝麦片粥？为什么你不能将女儿的头发做成马尾状，或者无须梳理，直接带着辫子入睡？

☆ **要意识到，孩子必须在你的帮助下才能顺利适应这些日常安排**。在孩子早晨活动时，给他拍照，或者为他制作一份图表，当他偏离方向时，向他指出来。如果你希望孩子每天有个好的开始，就要确保他们在例行活动中保持快乐，维持密切的亲子关系。这可能意味着，你与他一起将他的衣服拿下楼梯，在你喂小宝宝的同时，让他在一边把衣服穿好。“我注意到你又把那件蓝色衬衣拿起来了……你在非常认真地思考哪只鞋应该穿在哪只脚上……你今天穿衣服时还在哼着歌曲。”要记住，穿衣是你的重点，但不是他的。你出现在他面前才是激励他的因素。

☆ **提供选择**。没有人喜欢被迫做事。当你将小宝宝从高脚椅或从楼上浴室抱出来，他是否愿意在厨房洗碗池边踩在凳子上刷牙？他是想先穿鞋子，还是先穿上衣？只要可能，尽量不要干涉他的做法。

☆ **角色扮演**。有时，周末可以用填充动物妈妈和宝宝道具做游戏。让孩子扮演它们，表演日常活动。让年幼的孩子表示拒绝、苦恼，大发脾气。让扮演妈妈的孩子“让步”(不要让孩子玩得过火，以免吓着他们。让扮演妈妈的孩子获得乐趣，但又不失笨拙)。孩子会从游戏中获得无穷乐趣。然后，将动物妈妈再次递给孩子，你扮演孩子，重新表演。要让表演过程充满乐趣，不时欢笑，缓解紧张情绪。在表演中，要加入孩子穿着睡衣上学或者妈妈身穿睡衣去上班的情节，或者孩子不得不对着妈妈大喊大叫，催促她快点儿准备的情景。或者，妈妈说："谁在乎那个会议呢？让我们告诉老板，找你的玩具汽车更重要！"让孩子充分发挥自己的想象力。你可能了解到处理问题的更加有效的办法。几乎可以肯定的是，星期一上学前，你会发现孩子更善于理解和配合。

☆ 雷打不动的主次安排。如果父母两人都有全职工作，孩子还小，一周之中你不得不放弃大部分其他活动。只有这样，你才能早点儿睡觉，确保第二天早晨拥有更好的心情。孩子要根据你的好心情调整自己的精神状态。不要担心，这种情况不会永远持续下去。你在为他奠定扎实的基础，确保他更加独立地处理起床后的各种事务。

现代生活给父母和孩子都带来了压力，影响他们之间的情结联结。我们需要增强情绪联结，消除生活中磕磕绊绊的不利影响。我们的孩子需要这种情绪联结，不仅为了促进亲子合作，更为了美好的家庭生活。幸运的是，如果我们将情绪联结作为生活的重点，其他事情都会变得容易起来。

利用联结让孩子顺利入睡

对于许多家庭来说，让孩子上床睡觉是一件非常头痛的事。为什么？因为父母和孩子的需求发生了冲突。对于父母来说，睡觉意味着他们终于有机会与孩子分离，拥有属于自己的一点儿时间了。对于孩子来说，睡觉意味着他们与父母分离，独自躺在黑暗之中。最重要的是，孩子会变得疲惫而紧张，父母则会疲惫而厌烦。所以，对于大多数家庭来说，睡眠是一件头痛之事也就不足为奇了。

但是，压力、孤独、喝斥、泪水都会伤害孩子的安全感，最终让睡眠变得更加困难。我们都希望，在孩子入睡前，他们最后的感受是我们温暖的爱，而不是愤怒的威胁。在促使孩子入睡的所有尝试中，保持镇定并不容易，但是绝非不可能。下面是具体方法：

☆ 利用孩子晚上从事各种活动的照片做一个时间表，标出完成时间。你可以根据这个图表，从警察转变为合作伙伴，帮助孩子顺利完成夜晚的各项活动。

☆ 在孩子中平均分配父母照顾时间，确保每个孩子都能获得需要的联结互动。

☆ 在上床睡觉期间，不要从事其他活动，将精力集中在安排孩子入睡上，不要受电话或电子邮件的干扰。

☆ 要注意，就寝会让孩子产生强烈的分离感。每天晚上，可以安排一些“分离”性质的游戏。例如，捉迷藏，或者再见游戏（参见第三章内容）。让孩子充满欢笑，释放就寝忧虑。值得注意的是，孩子的身体需要一个放松过程，睡觉前不要做特别剧烈的游戏。

☆ 睡觉前，关闭电子屏幕至少 1 小时，因为电子屏幕会阻碍睡眠荷尔蒙褪黑激素的形成。

☆ 熄灯后，给每个孩子 10 分钟时间，拥抱或者安抚他们。

☆ 尽量保持镇定。睡觉前发脾气，只能强化孩子对分离的忧虑，更加难以入睡。

☆ 如果孩子必须搂着才能入睡，这非常正常。有些孩子依靠自己可以掌握入睡技巧，另外一些孩子则需要你的帮助。可喜的是，一些温和的方法可以确保你离开时孩子不会哭泣。睡眠问题超出了本书讨论范畴，但是 Aha! Parenting 网站有许多这方面的信息。

☆ 你自己也应该尽早入睡，这样在第二天照顾孩子睡觉时，你才不会感到体力不支。

成为出色倾听者的十条途径

我受到的最高奖赏是，有人询问我在思考什么，并认真倾听我的回答。

——亨利·大卫·梭罗（Henry David Thoreau）

让父母与孩子保持密切关系的一项最重要的技巧是倾听，而不是教育、建议或提供解决方案。这些东西不仅孩子不需要，还会阻碍他们形成自己的想法。孩子真正需要的是你聚精会神的倾听。有时，你需要倾听他的语言；有时，你需要观察他行为传递的信息。优秀的倾听者需要倾听弦外之音。

要成为一名出色的倾听者，只需培养优良习惯。但是，与所有习惯一样，倾听习惯需要实践。那么，如何培养倾听习惯呢？

1. 记住闭上你的嘴。“倾听”（listen）的字母还可以组合为“安静”（silent），这难道仅仅是巧合吗？

2. 当你与孩子沟通时，一定要专心。面对孩子，你是否随口应付、被迫答复、被动反应？如果是，按下你内心的暂停键。（是的，有时，你的确需要按下这个暂停键。这一过程仅需 3 秒钟时间。）停止工作，深呼吸，然后合上你的笔记本。看着孩子的眼睛，专心倾听。

3. 注意孩子开始讲话的方式，然后做出回应。你必须具有很强的自律精神，才能迫使你将注意力从手头工作转移到孩子的问题上。这是一个重要信号，孩子可以据此判断，在他需要你的时候，是否可以信赖你。孩子主动发起的讲话比你的询问重要得多，例如，你可以借机了解今天学校发生的事情。

4. 如果你现在不能听他讲话，应该这样答复他："我听到你对这事感到愤怒，我希望我们能够认真讨论。不过，现在我需要安排大家去上学，所以暂时还不能和你讨论。我们可不可以定一个时间，就在今天晚饭后讨论怎么样？"然后，一定不要忘记你的许诺。按时和他讨论。这样，你才能赢得孩子的信任。

5. 要全神贯注。现在是你倾听孩子讲话的时间。工作问题可以先放一放。孩子能够感受到你是否在真正倾听。他可能不会流露出来，但是当你假装倾听，实际心不在焉时，他的自信心会受到伤害。

6. 为了开启对话，要积极确认并反映他的感受，不要进行判断或给出建议。"你对弟弟非常生气"和"你似乎担心今天的野外旅行"，这些都是开启对话的方法；"你必须努力和弟弟相处"和"不要过分担心野外旅行，你必须去"，这些都会结束对话。

7. 提出非判断性问题，鼓励孩子给予真实答复。"今天午饭时你和谁坐在一起？"或者"拼写测验怎么样？"比"今天上学怎么样？"要引出更多谈话内容。以"为什么"开头的问题常常让孩子处于戒备状态："你为什么穿那个？"与"对于今天的野外旅行，你认为大多数孩子会穿什么衣服？"相比，后者效果要好得多。

孩子真正需要的是你聚精会神地倾听。

8. **不要急于提出方案或建议。**这意味着，你必须控制自己对问题的忧虑。你的孩子需要一个宣泄的机会，否则他无法更好地思考。然后，他还需要一个思考解决方案的机会，在此基础上，他才能培养自信和能力。

9. **确保话题的安全性。**如果内心忧虑，人们是无法认真倾听的。如果他们感到不安全，他们通常会退缩或攻击，大脑的思维功能则会随之关闭。如果你看到孩子表现出愤怒、恐惧或悲伤的情绪，要及时与他重新建立联系。告诉他，同时也告诉你自己，你非常爱他，你有责任找到一个适合所有人的解决办法。

10. **通过控制自己的情绪，**让孩子感到对话的安全性。不要过于掺入个人色彩。首先，深呼吸一下。如果你感到负有责任（“我原本可以阻止这件事！”）或者恐惧（“我不敢相信这种事发生在我孩子身上！”），你要努力镇定下来，将你的感受放在一边。现在不是分析你的时候，内心忧虑于事无补。事实上，无论你的孩子在讲什么，你都可以稍后再处理自己的感受。提醒自己，现在最重要的是帮助孩子处理好这些棘手的感受。当他心情稳定之后，帮助他制定正确的行动计划。

如何让孩子听我讲话?

父母们提出的一个最常见的问题是，“我如何才能让孩子听我讲话？”孩子的头脑中有很多想法，从午饭时和谁坐在一起到足球选拔赛，再到最新的计算机游戏。在他们的名单上，父母的座次相当靠后，让我们颇为尴尬。即使蹒跚学步的孩子，关心的事情也与我们不同。他们不明白，为什么要在此时此刻洗澡！当然，向我提出这一问题的父母们并未真正思考倾听话题。他们希望弄明白的是，如何让孩子照他们说的话去做。那么，秘诀是什么？先建立联系，再试图纠正。下面，我们详细讲述一下具体做法：

☆ **在你吸引孩子的注意力之前，不要开始讲话。**主动与孩子接近，轻轻触摸他。看着他的眼睛，直到他抬起头来。然后，开始讲话。如果由于某种原因你不能这样做，务必确保吸引他的注意。例如，当你正在开车时，可以这样说："我能告诉你点儿事情吗？"

☆ **不要重复讲过的话。**如果你已经问过一遍，孩子没有做出回答，不要简单地重复。你没有吸引孩子的注意力。此时，你应该重新返回第一步。

☆ **言简意赅。**大多数父母讲话太多，弱化了要传递的信息，失去了孩子的注意力。当你向孩子作指导时，要尽量言简意赅。

☆ **从孩子的视角看待问题。**如果你正忙着做自己喜欢的事情，你的配偶命令你停下来做另外一件对你不重要的事情，你会有何感受？你是否会不予理睬？但是，如果你赞同他的观点，效果就会大为不同："我知道，现在很难停下来，亲爱的。但是，我需要你……"

☆ **寻求合作。**没有人喜欢听他人颐指气使地下达命令。所以，要语气温和，给出选择。"现在该洗澡了。你是想现在去，还是过5分钟去？好的，说定了，5分钟，好吗？我们拉钩。"

☆ **要安慰，不要责备。**当我们情绪波动时，孩子就会关注我们的情绪，忽视我们传递的信息。如果你的目的是让大家都上车，不要浪费时间思考你第一次要求时他们为什么不听你的话。这样做，只能让大家心情更加糟糕，包括你在内。你该深呼吸一下，帮助孩子准备上车。上车之后，你可以让他们帮你想办法如何准时走出家门。

☆ 设定例行活动。例行活动越多，你作为操练官的可能性就越低。如果孩子在做日常活动时你为他们拍了照片，并将它们张贴在一面小小的招贴画上，经过一段时间，他会对这些事情担负起责任来。你的职责仅限于提出问题："离开家之前，你还要做什么？我们来检查一下。"

☆ 做专心倾听的榜样。如果孩子向你讲述白天发生的事情时，你的眼睛却在盯着自己的电话，你这是在告诉他如何处理家庭交流。如果你真的希望孩子听你讲话，就要放下手头的事情，专心听他讲话。这只需几分钟时间。当他是学龄前儿童时这样做，当他十几岁后，还会愿意和你谈话。你会对自己的表现非常满意。

当孩子沉默时

我说："我知道，今天在学校里肯定发生了什么让你非常生气的事情。我来帮助你，但是你不许打弟弟的脑袋……你看上去心情非常糟糕……能告诉我出了什么事吗？"女儿大叫道："闭嘴，我不想说话！"

——克莉斯，8岁女儿的母亲

当孩子向我们大喊"闭嘴"时，通常是因为：

☆ 他感到尴尬，不想告诉我们发生的事情。例如，孩子受欺负后，通常都不愿告诉父母，他们觉得很丢人。

☆ **他对你的反应感到担心。**你是否和老师的意见一致？你是否会斥责他处理问题的方式很糟糕？你是否会给另外那个孩子的母亲打电话，让他感到羞愧难当？

☆ **那种感受非常强烈，他不想再提起。**所以，他希望将发生的事情压下去，忘掉不快。他可能告诉你，重新回忆那段经历让他难以忍受。

不幸的是，不想回忆仍然会让孩子闷闷不乐。于是，他会想办法发泄，例如，殴打自己的弟弟。那么，我们怎样才能让孩子讲述内心的不快呢？（当然，我们首先要要求他，不能再打弟弟。）

☆ **不要强迫他讲话。**追问不会让他感到更加安全。孩子可能想，也可能不想交谈，但是他需要确保足够安全，才能讲述内心的感受。留在他身边，适当表达你的关怀，在他表达愤怒的同时，为他设定合适的限制。不久，他的情绪会像气泡一样，慢慢释放。

☆ **让他转怒为喜。**如果孩子愿意和你展开一场枕头战，你们最后都会哈哈大笑，他完全不必大哭一场，也能充分释放内心压力。心情平静下来之后，他很有可能向你讲述不快经历。但是，他也有可能不想谈论。他真正需要的，是释放肚子里的一股怨气。

☆ **利用特别时光。**孩子们会利用这段时间表达自己的内心感受，但是他们通常不会讲述具体原因。他们只是通过欢笑、哭泣或玩耍等方式，释放内心的压力。

☆ **赢得孩子的信任。**当孩子向你讲述他的事情时，你必须调整自己的情绪，不致失控。

☆ 寻求同情。如果我们能够克服孩子殴打弟弟带来的愤怒，我们也许能感受他内心的真实痛苦，他也会发现父母的同情。他可能还会拒绝回忆，但是一旦感到安全，他的情绪就会慢慢释放出来。

为何如此？因为你在帮助孩子培养情商。你在帮助他解决他遇到的问题。你在塑造更加密切的亲子关系。如果他不再击打弟弟的头部，结果也会更好。

当你和孩子处于负面状态时

我和我3岁儿子的愤怒一样强烈真实……最后，你的一篇新闻通讯提醒了我……我说："这一天的确非常难熬，我想你需要我的拥抱。"我将儿子抱起来。在黑暗的房间里，他像一只小猴子搂着我，紧紧贴住我的身体，让我感到窒息，我的愤怒瞬间消失。虽然我提高了嗓门，我们都说了一些伤害对方的话，但是最后只剩下了信任和联结。我说："对不起，我不应该向你吼叫……今天晚上，对你和妈妈来说，都很难过，现在好了……每个人都会遭遇困境，今天我们就遭遇了这样的困境，是不是？明天就都好起来，好吗？"他趴在我身上，点点头。我告诉他，我爱他。然后，我们一起唱了歌，还有一些增强联结的活动，好像从未发生可怕的冲突一样。

——克丽斯蒂娜，2岁孩子的母亲

我们都和孩子发生过冲突。处于困境时，我们都会感到不知所措。当我们的情绪真实而强烈时，挫折感也会令人难以忍受。我们感到内心极度空虚，暂时不再关心孩子的需求，一味发泄内心的情绪。

然后，我们又会极度懊悔。但是，在那一刻，当情绪巨浪控制我们的时候，如何才能避免这些负面情绪呢？

我们只需牢记：联结。

无论孩子的表现多么恶劣，在这个世界上，他最渴望的是与你重新沟通。

这可能看起来有点儿不可能，如果我们有一点点希望扭转局面的愿望，就会有所改观。我们甚至无须知道如何去做，我们只需选择联结。我们总有办法接近孩子，与他们重新沟通。我们总有办法治愈伤痛，即使我们身处负面状态，而且已经走得很远。

所以，不要再责备自己让局面失控。热情拥抱并不完美的自己，积极面对你的孩子。

最后，我们要永远牢记联结的重要意义。亲情永远不会让我们失望。

第三部分　引导而非控制

您的著述让我受益匪浅，您让我明白，如何才是正确的育儿方式，“吼叫”并非唯一工具。现在，我无需动怒也能表明自己坚定的态度，并能从儿子的所有行为中发现幽默的品质，因为我不再一心想着如何对他实施控制。

——特里西娅，2 岁儿子的母亲

孩子从婴儿期到13个月左右学步期的幼儿，这一转变过程让父母普遍感到难以应付，他们不再轻而易举地转移注意力，也很难受父母控制。如果父母将自己视为孩子的教练，这一过程，甚至到十几岁时，亲子关系都会轻松许多。父母不应认为，他们有必要控制孩子的行为或感受。

大多数父母认为，我们有义务控制孩子。如果以这种心态教育孩子，只能以失败告终。我们将发现，我们的权威不断被削弱，只能一次又一次地寻找更为有效的胡萝卜加大棒策略，才能让孩子顺从我们的意志。我们利用暴力和威胁处理孩子的行为，强迫他们就范（“小丫头，你怎么敢这样对我说话？”）。结果，她只能自己设法学习自我控制技能。

相反，如果我们将自己视为孩子的教练，我们知道我们只能对他们施加影响。于是，我们会非常努力地保持自尊和亲子互动，孩子也会主动地“效仿”我们的行为。正如体育教练帮助孩子增强体力和提高运动技能一样，指导型父母也会帮助孩子强化思想和情绪的“肌肉”以及生活技能，让他们更好地自我控制，获得更好的生活体验。

除了建立联结以外（这是本书第二部分的重点），我们与孩子的交流大多数可以分为三类：情绪处理、行为教育和技能指导。在后面的三个章节中，我们将从指导而非控制角度，分析处理这些问题的正确方式。结果如何？我们的孩子将更加快乐，更加积极，更有责任感。他们将培养积极向上的生活习惯，追求“正确行为”，拥有足够的技能和毅力，有效实现自己的梦想。

下面，我们来对比一下控制型和引导型教育的结果：

孩子的行为	控制型教育	引导型教育
不正确的行为	短期内有效，前提是孩子年龄小，而且父母必须在场。	孩子主动追求“正确行为”。
愤怒	强迫孩子压制愤怒，他们会在其他时间发泄。	帮助孩子学习控制愤怒。
情绪	通过控制方式，孩子回避情绪，缺乏自我调节能力。	孩子逐步培养自我调节能力和坚韧灵活的品格。
价值观形成	孩子注重避免惩罚，很少顾及他人。	孩子以父母为榜样。
生活能力，包括刷牙和做作业等技能的发展	父母不断向孩子唠叨，特别是他们应该承担责任。	父母为孩子提供支持，让他们享受承担责任带来的快乐。
自我激励能力的发展	孩子仇视父母的压力。	孩子感到充满力量，积极主动。

3 培养孩子的自我管理：情绪引导

如果你不能控制自己的情绪，如果你没有自我认识，如果你不能管理自己的负面情绪，如果你不能推己及人并拥有有效的人际关系，无论你多么聪明，都不可能走得很远。

——丹尼尔·戈尔曼（Daniel Goleman），

《情商》（*Emotional Intelligence*）[1]

不论我们是否知道，我们一直在指导孩子如何处理情绪问题。事实上，我们与孩子互动的大部分内容都属于某种形式的情绪交流。父母对孩子情绪问题的反应方式，对他们一生处理情绪问题都有深刻影响，包括他自身的情绪，以及与他人的情绪联结。

毫无疑问，制止或威胁一个心情不佳的孩子，比帮助他处理情绪问题要容易得多。幸运的是，如果孩子通过经验知道父母会重视他们的情绪，就会主动进行调整。由于情绪引导有利于孩子比同伴更早地培养情绪自制能力，所以会让育儿过程变得更加轻松。

不过，我们不应忘记另外两个重要概念——自我管理和建立联结。当我们指导孩子度过情绪困境时，必须与他们保持密切的情感交流。事实上，当孩子处于强烈情绪状态时，说明他们需要与我们重新进行情绪联结，这也正是本章将要讲述的内容。由于我们总是不可避免地受孩子不良情绪的影响，我们是否能够镇定，取决于我们是否能够对孩子进行指导。本章还将向你讲述这方面的具体策略。

什么是情商？

情感商数（EQ）高的人能够聪明地处理情绪问题，正如智商高的人能够聪明地处理思维问题一样。科学家发现，虽然基因对智商有影响，但是与大脑和肌肉一样，也可以通过塑造和强化，进一步改善我们天生的智商。同样地，虽然某些人天生稳重，或者能够更好地控制冲动，这些品质能够通过塑造和强化，进一步改善我们的情商。高情商的核心部件包括：

☆ 自我安慰能力。情绪管理的关键在于，允许、承认和包容强烈的情绪，让它们自行消散，不会深陷其中，或者采取行动之后又懊悔不已。自我安慰使我们能够管理忧虑和不安，以富有建设性的方式处理情绪问题。

☆ 情绪的自我认识和接纳。如果我们不能理解正在承受的情绪，就会产生恐惧，也不可能包容它们。我们会压制伤害、恐惧或失望。这些情绪不再受意识的调整，以未作调整的方式浮现出来。例如，学龄前儿童殴打小妹妹，我们(成年人)发脾气，吃一大杯冰激淋。相反，如果家庭环境对孩子的行为有所限制，但是在情绪上不做约束，长大之后，他们就会意识到，所有情绪都是可以接受的，都是人类心理世界的组成部分。这样，他们就能更好地控制自己的情绪。

☆ **控制冲动**。情商解放了我们，使我们不再出现条件反射般的情绪反应。拥有高情商的儿童（或成人）不会被动反应，也不会一味指责处理问题。这并不意味着，你永远不会愤怒或焦虑，只是表示你不会无缘无故地狂怒。因此，我们的生活和人际关系质量就会提高。

☆ **理解同情**。理解同情表示你能够站在他人的角度看待和感受问题。如果你善于理解他人的思想和情绪状态，你就能积极面对人际差异，从更深层次与他人沟通联系。自然地，理解同情能够帮助我们成为更加出色的沟通者。

为什么要进行情绪引导?

大多数父母都非常郑重地扮演着孩子老师的角色，我们教他们辨认颜色，教他们刷牙，教他们明辨是非。

但是，有时我们会忽略两个更重要的教育主题：如何管理情绪（以及相应的行为）和如何理解他人的情绪。心理学家认为，这两种能力构成了情商的核心，或者叫情感商数的核心。情商是人类进步的一个核心部分。虽然情商听起来好像很复杂，但是父母必须主动了解这一概念。

情商为什么非常重要？只要稍加思索，每个人都能找到答案。情绪很重要。如果你整天忧心忡忡，不可能处理好一个大型项目。如果你不能理解配偶的观点，就不可能解决婚姻生活中出现的矛盾。如果你不能控制自己的愤怒，就不能处理工作或与朋友的矛盾。换言之，以健康方式管理自身情绪的能力可以决定一个人的生活质量，甚至比智商更重要。孩子的学习成绩同样受智商和情商的影响，因为智力学习以忧虑管理和自我激励为前提。父母期望的最佳状态是，孩子拥有健康的情商，能够出色地管理自己的情绪和行为，从而表现出高度的自律性和合作品质。孩子们喜欢这样，父母喜欢这样，这是一种共赢状态。

儿童应该如何培养情商的基本素质？他们需要学习才能掌握。但是，不是从电视，不是从学校，而是从你身上学习体会。你每天都在对孩子进行情绪引导。具体来说，你帮助孩子认识自己的情绪，以与其年龄相符的方式表达，这是情绪自律的初级阶段。一旦他们摆脱情绪的控制，便会以崭新的方式解决深层的情绪问题。下面，我们讲述一些具体策略，帮助你更好地指导孩子，让他们拥有更加美好的童年。我们首先分析孩子的大脑结构，了解新生儿如何建立情商基础。

情商与儿童成长

婴儿期（0–13 个月）：一条信任的基本原则

婴儿的首要成长任务是学习信任，这是儿童所有未来成长的基础。阿尔伯特·爱因斯坦（Albert Einstein）说，对于每个人来说，最重要的问题是，“这是否是一个友好的世界？”从婴儿期开始，我们便需要思考这一问题。

大约 100 年以前，心理学家哈利·斯塔克·沙利文（Harry Stack Sullivan）指出，婴儿从父母身上学习忧虑感（忧虑是一种恐惧，也是缺乏信任的表现）。研究进一步表明，父母的触摸、声音、运动既能安慰孩子，也有可能让他们产生忧虑。听到愤怒的声音，包括电视上愤怒的声音，婴儿的应激荷尔蒙便会迅速上升，即使在他们处于睡眠状态时，也会产生相同反应。父母镇定的嗓音，充满爱意的目光，安稳的拥抱，会让婴儿意识到，世界是安全的，他们可以放松并信任周围环境。任何曾给孩子洗过澡的父母都能明白我讲的这一道理。

人类是不完美的，但是具有适应环境的能力。婴儿通过“塑造”自己的大脑，帮助他更好地适应周围环境，健康成长。如果婴儿置身积极的环境，包括物质营养、温暖的臂弯、父母的安慰、成年人对他要求的呼应，他的大脑便能有效实施自我安慰、心情愉快、亲子关系密切。如果环境不能满足他的需求，或者环境看似危险——例如，在没有成年人呵护的情况下出现的巨大噪音——他的大脑便会高度警惕，充满不信任感，思考“战斗或逃离”策略，极力寻求帮助。

因此，作为父母，我们必须尽可能多地安慰孩子，确保他的安全。让我们分析一下，当婴儿大脑充满恐惧性化学物质，例如，肾上腺素和皮质醇，这两种“战斗或逃离”的激素时，他们的思维活动机制。无论感到饥饿、消化不良，还是独自一人带来的恐惧（他的本能都会告诉他，“老虎”会将他吞食），他都会惊恐不已。幸运的是，孩子的哭声让你心惊肉跳，你会忙不迭地将他抱起来，轻声安慰。如果孩子每次哭闹你都会做出反应，当他长大一点儿后，他的大脑就会形成自我安慰功能。你发现，在你的安慰下，孩子会镇定下来。从生物学角度来看，当他躺在你的臂弯感到安全时，他的身体就会释放具有安慰作用的生物化学物质，反过来为这些自我安慰作用的荷尔蒙创造更多神经通道和接收环境。从心理学角度来看，他知道饥饿感和其他感受都会得到缓解，父母很快就会提供帮助，有人会保护他，帮助他满足需求。因此，没有必要恐惧。他可以信任周围环境，他的需求可以得到满足。同时，他也开始培养积极的人际关系模型，一种充满温暖、安全和慈爱的关系。

自我安慰的真相

有人说，孩子哭闹时不用管他，这样他就可以学会自我安慰。从科学角度来看，这种观点是站不住脚的，而且误解了“自我安慰”的真实含义。大量资料表明，已经进食但不舒服的婴儿哭闹会导致心律加速，血压升高，氧含量降低，皮质醇、肾上腺素和其他压力性荷尔蒙快速增加。如

婴儿的首要成长任务是学习信任。

果婴儿哭闹没有人照顾，他们可能自行入睡，但那只是因为疲劳，而不是安慰。他体内的压力荷尔蒙水平仍然很高，大脑也会因此在处理情感问题时愈发被动。的确，孩子能够学会某些技能，如果我们不理睬他们，晚上他们可以学会不再哭闹，甚至白天也不会强求父母的照顾。孤儿院的孤儿不会长时间哭闹，但是我们并不认为这种情况是健康的。

显然，白天能够接受父母照顾，晚上独自哭泣的儿童，与孤儿院的孤儿无法相提并论。我的意思是说，孩子没有不满的表示，并不意味着他们不需要父母的照顾，只是说明他们已经明白，父母不会对他们的哭闹做出反应。事实上，虽然接受睡眠训练的幼儿能够安静地躺在婴儿床上睡觉，但是他们的压力荷尔蒙仍然会迅速上升，这与睡眠训练期间的情况完全一样。换言之，孩子处于压力状态，之所以保持安静，只是因为他们知道恳求是没有用的。[2]

不幸的是，根据我们对大脑开发机制的了解，我们可以合理推断，如果孩子哭闹经常得不到父母的反应，无论白天或晚上，他们的大脑形成就会出现轻微偏差。如果婴儿不舒服哭闹，体内皮质醇大量出现，免疫系统、认知系统和其他次要功能便会处于待机状态，精力主要集中在目前危机事件上，从而阻止他的大脑建立足够神经连接，进行安慰。[3]

任由孩子哭泣，也会改变父母的感情状态。我们不得不压制自己对孩子自然的同情，而这种同情是帮助孩子开发情商的根本因素。我们试图从孩子视角看待事物的自然倾向会出现一定程度的削弱，结果我们会发现育儿过程变得更加艰难。任由孩子哭泣可能是一系列恶性反应的第一步，不仅阻碍我们对孩子的需求做出反应，而且也会降低我们对自己作为父母的满意度。

当然，在孩子的一生当中，如果他每次出现问题，你都要去帮助他解决情感和生理问题，也是不可取的。幸运的是，自然界为我们提供了一个更好的选择。随着时间的推移，当忧虑来袭时，孩子可以利用建立的神经渠道自我安慰。例如，他针对你的关爱释放的催生素越多，他制造的催生素受体就越多，也越容易实现镇定和良好感觉。他甚至开始建立神经连接，允许他的前额皮质（大脑思维基础）与杏仁核（大脑的一个情感功能区）发出的警告抗衡。你应该做一名出色的引导者，帮助孩子建立适当的大脑和神经系统，使他在自己的一生之中正确有效地处理忧虑问题。

任何见过新生儿的人都知道，要想让他们安静下来并不容易。不要担心。在孩子大脑发育问题上，你没有必要完美。作为父母，人类从来都不是完美的。你只需表现得足够好即可。大多数情况下，当孩子需要的时候，你只需出现并表现出安慰即可。这就意味着，当孩子哭闹时，你将他抱起来，向他表示同情。这也是所有人焦虑时所需要的。

即使被你抱着时孩子仍然不断哭闹，他也能感受到你臂膀的存在。这与孩子不舒服时的哭闹完全不同，那种情况给他造成了巨大压力。他可能感到疼痛，受到了过度刺激，也有可能是为了释放陌生世界给他造成的所有压力。无论如何，你出现在他面前都会产生作用，让他感到安全，促使他表达自己的情绪，同时感受被倾听的过程。这种哭喊实际是压力荷尔蒙释放的过程。我们可以这样理解：他今天遭遇了痛苦，艰难的出生过程（尽管发生在几个月前），他希望向你讲述自己的感受。虽然他在哭泣，却是一种健康和抚慰创伤的表现形式。他在释放来到这个完全陌生世界遭遇过度刺激而产生的所有皮质醇、肾上腺素和其他幽闭型压力荷尔蒙。在你的拥抱之下，他的身体会对他的哭泣做出反应，建立中性神经通道，传递镇定作用的荷尔蒙。对你来说，这一过程可能比较痛苦。但是，如果你努力调整呼吸，镇定自己，为他提供持续和安全的“拥抱环境”，他最终会建立自我安慰的神经连接。

“足够好”就是足够的好。任何父母不可能在孩子发出暗示后都将他们抱起来。我们是人，都有分心、忧虑、紧张、惊吓、压抑、患病等问题。简而言之，尽管我们希望对孩子呵护备至，但是不可能做到有求必应。爱德华·特罗尼克研究发现，即使最细心的父母，也只能正确领会孩子 30% 的暗示。[4]

可喜的是，当我们未能领会婴儿的暗示，发生亲子沟通错误或交流障碍时，我们可以设法挽救。事实上，父母未能正确理解暗示，以及随后的重新沟通，对于孩子是一种重要的学习过程。这一过程到底怎样呢？在第二章的一个例子中，我们与孩子玩得很开心。我们摇动拨浪鼓，孩子被逗得哈哈大笑。过了一会儿，过度的兴奋让他感到疲倦。他感到天旋地转，十分恐惧。他需要安静，重新回到低水平的意识状态。他将头扭到一边。有些父母可能马上注意到他的变化，意识到孩子需要休息。但是，有的可能不会。我们玩得非常开心。看到孩子如此快乐，我们感到异常兴奋！或许，还有更多原因。或许，我们对自己目前照顾孩子的能力还不满意，安慰孩子是一种挑战。但是，我们可以逗他笑，让他笑得更多……于是，我们误解了他的暗示。尽管我们将脸凑过去，使劲摇动拨浪鼓，他仍然不断扭头看其他地方。结果，孩子受不了了。他面孔开始扭曲，哭了起来。

我们未能与孩子有效沟通，我们的主动行为反而让他们放声大哭。孩子是否受到了永久伤害？没有。虽然我们反应迟钝，还不至于笨得令人绝望。我们深吸一口气，开始调整，从极度兴奋向安慰孩子转移。我们将孩子抱起来，对他说一些安慰的话。孩子还在哭泣，但是声音已经变小，呼吸也变得更加舒缓。他正在镇定下来。他意识到，世界并不完美。有时，他必须提高嗓门，父母才能听到他的暗示。不过，他有能力修补你们之间的误会。由于你对他的痛苦很快做出反应——研究表明，这是你对婴儿调整最重要的适应方式[5]——他意识到，这是一个安全的世界，当他有需要时，你会做出反应。出现理解错误后，如果父母迅速补救，有助于培养孩子的坚韧品质，使他们意识到，只要不断努力，终会取得成功。事实上，每次未能正确领会孩子的暗示时，婴儿都会独立尝试自我调整。[6] 有时，他不能成功。但是，很多时候，他可以顺利调整。他将学会如何调整，就像他开始学习走路一样。虽然你并不希望为孩子制造障碍，但生活会为他提供众多尝试机会。如果发生误会后我们尽快与孩子重新沟通，而且积极交流占主要地位，这些时刻实际为他们了解世界提供了学习机会。

安慰婴儿不仅可以帮助他们学习自我安慰，还可以让他成为一个更加镇定、友好和快乐的人，不仅包括快乐的童年，还包括他整个的人生。许多研究表明，如果孩子从父母那里获得的关爱、关注和安慰高于一般水平，成年之后他们就会镇定自若，善于控制情绪，拥有更加快乐的人生。毫不奇怪的是，他们甚至能够更好地控制自己的体重。[7]

自我安慰能力是情商的基础。当他意识到，在他需要的时候，你会出现在他身旁，为他提供帮助，你可以领会他的暗示，帮助他调整自己的情绪，他的情商就会得到开发。这也是安全依附的基础。根据 1 岁以前他与你的交流，他会认为世界是友好的，他会在这个世界中顺利生活。

下面，我们来进一步分析，随着生活越来越复杂，他如何进一步巩固这些积极情绪。

学步期（13–36 个月）：无条件的爱

如果孩子哭闹时你习惯对他进行安慰，他就会越来越有能力处理压力，而不至于被恐惧绑架。这样做是有好处的，学步期可能是最具挑战性的阶段，对父母和孩子都一样。如果我们能够帮助孩子培养健康的情绪，他就会拥有扎实的基础，一生拥有非凡情商。对于父母来说，附带的益处是，高情商学步期幼儿更好抚养。

那么，学步期的情绪挑战为何如此重要呢？学步期儿童的首要任务是自我认知。他们需要感到自己对周围世界能够产生影响，能够一定程度上控制自己的体验。这种权威感是有益的。最终，他才能培养责任感。

不幸的是，学步期儿童的自我认知常常与另外一个重要的发育任务冲突，即与自我关爱冲突。为什么？许多父母还未对孩子从快乐宝贝到拥有主见的转变做好准备，时刻希望满足孩子的愿望。当然，父母仍然爱着自己的孩子。但是，过去深爱孩子的父母——友好世界的真实代表——突然之间，好像在传递极为不同的信息：

> 不！不要碰那个！躺着别动，我给你换衣服！不要哭，这不疼！一会儿我把你放到车座上！你敢对我说不！别拿那个，你会弄坏的！你敢打我！坏孩子！你打我，小坏蛋！

孩子可能发现博洛尼亚大香肠很适合放在CD播放机内，结果爸爸狠狠地打了他的手。当他发现深爱他的父母变成了可怕的怪物并大声抗议时，妈妈告诉爸爸：“别理他。我们不能纵容他。”于是，他的吼声越来越厉害。深深理解他的父母，他赖以面对内外世界挑战的靠山，将他抛弃了。

事实上，这些父母仍然深爱自己的孩子，并在尽最大努力教给他明辨是非的规则。但是，如果认为要让孩子听话就必须克制我们对他们的爱，这种观点相当危险。当我们不断破坏与孩子的情感联结，无论以纪律还是以独立为借口，都会伤害我们付出极大努力才培养起来的亲子关系。

如果能够随心所欲，孩子便认为世界是友好的，我们不能责备他们的这一结论。他可能认为，坚持自我无法被父母接受。他还不能控制自己的大部分行为，甚至不能真正区别情绪（他的“自我”）与行为。即使你小心地对他说“打人是不对的”，而不是说“你是个坏孩子”时，他也不会记住二者的区别。对于我们的教育，他会理解为，如果要得到世界主宰的爱（父母的爱），他就必须压制自己的某些情绪，装出乖巧的模样。

不幸的是，这种策略并不成功。负面心理培养起来的人格让我们背负沉重的羞耻感，会成为一生挥之不去的阴影。大多数成年人都会偶尔回想起这种受到压制的羞耻感，至少会在短时间内感到心烦意乱。同样，这种策略对学步期儿童的行为也不会产生积极作用。只有内心感觉正确时，人们才会行动。同样，如果内心认为自己是个“坏孩子”，他们也不会表现“良好”。我们经常看到学步期儿童击打自家爱犬的脑袋，同时嘴里却在自言自语：“嘿，不要打狗狗。”

发脾气是学步期儿童的典型特征，对此应该如何处理？与所有人一样，在处理日常问题过程中，学步期儿童的压力荷尔蒙也会逐步累积，包括皮质醇和肾上腺素的累积。随着年龄的增长，我们可以通过思考和交谈释放这些生物化学物质，而不再像孩子那样依靠运动、哭喊、打呵欠、流汗等简单做法。虽然孩子的说话能力不断提升，他们的额皮质还不足以控制情绪中心，无法通过交谈方式释放强烈情绪。幸运的是，造物主为婴儿和幼儿提供了一种“防故障安全机制”，释放恐惧和挫折产生的生理压力。这种机制就是“发脾气”。幼儿并非对发脾气情有独钟，他们更愿意与父母保持亲密关系，受父母的宠爱。但是，当他们受情绪控制时，他们的大脑还不足以维持理性调节。于是，他们通过发脾气释放所有此类情绪和与之相伴的生化物质，恢复生理平衡。

与安慰哭闹的婴儿一样，如果幼儿发脾气时，父母坐在他们身边，会帮助他们学习自我安慰和控制情绪。但是，太多父母都犯了一个非常浅显的错误。他们认为，幼儿完全可以控制自己的愤怒。他们之所以发脾气，只是希望摆布父母，达到自己的目的。有人可能以遗弃威胁孩子发脾气，或者采取漠视态度，直到孩子安静下来，或者以其他方式给予惩罚。这一问题的研究结果非常明确。当小孩子感到被遗弃时，内心就会产生忧虑，迫使其暂时停止哭闹。但是，他们内心会出现强烈的不安全感。你绝对不会将孩子丢在商店，但是他并不知道。当你轻轻击打孩子时，他们可能暂时收敛。如果父母以体罚方式教育学步期孩子，到学前期时，他们会变得更有进攻性、更加烦躁和桀骜不驯。[8]我们应该认识到，学步期孩子并非实验室小白鼠，不可能通过疼痛和威胁实现训练目的。他们是复杂的人。父母对孩子表现出的不满，也会释放出遗弃信息，让孩子心中产生恐惧。当然，他的自然反应是表现出顺从。他会认为，他的自信、探索冲动、悲伤、失望和愤怒都是消极和危险品质，所以他们会设法压制。但是，这是一场必然失败的战争，尤其他的额皮质还在发育。当他击打他的爱犬，撕扯妈妈的头发，或者在屋里乱扔塑料盘子时，这些“恶劣”情绪就会出现。

那么，他必然将得出什么结论？“我的情绪是危险的，会让我做坏事。我是个坏孩子，会让父母失望。”

可喜的是，学步期幼儿有一个发展路线图，它可以保护儿童的自尊，帮助他开发情商。你是否还记得那个幸运的婴儿，那个已经开始培养温暖、安全和关爱人际工作模型的婴儿？他坚信，自己生活在一个友好世界之中？现在，他的父母可能已经接受了他全部的情绪，同时又限制他具有破坏性质的行为。当他产生恐惧或失望时，父母就会表现出同情。当他表现出愤怒，父母就会拥抱他，靠近他，包容他的愤怒，接受背后的泪水。这些聪明的父母不会将愤怒看成不受欢迎的行为，而是意识到，他们的小宝贝在向他们讲述自己的感受。通过关爱和接纳，孩子认识到，即使最具挑战性的情绪都是可以承受的。这些情绪汹涌而至，我们包容他们，然后它们就会自行消散。这些情绪是幼儿试图了解的庞大世界的一部分，它们甚至还有各自的名称：“你太疯狂了！”“你很伤心，甚至无法和爸爸说再见，所以你哭了。”“你要求我放下电话，只专心看你。你肯定嫉妒了。你希望我专心陪着你。”

当然，放任孩子随性而为会阻碍我们履行指导责任。允许孩子体会各种情绪，并不意味着让他们任性而为。通过你设定的同情限制，他会认识到，尽管他可以对拿走他自卸卡车的伙伴表达愤怒，但是不能殴打对方。

我们认为，让他通过语言表达自己和他人的情绪，是学步期儿童培养良知的过程。在他的大脑中，他对语言的初步认识是建立在眼窝前额皮质的联系中，与其他前额皮质和前扣带一起管理他的情绪，帮助他对他人情绪做出反应。控制着整个婴儿期的情绪右脑，正在培养一个管理员，帮助它管理大脑的其他部分。苏·格哈特说：“从眼窝前额皮质到更为原始的大脑系统，大脑可以抑制愤怒反应、消除恐惧，通常会抑制皮层下区情绪的出现。控制和抑制即刻冲动和愿望的能力，是意志和自我控制的基础，同时也是具备同情能力的前提。”[10]

当我们说，学步期儿童需要教育时，我们的意思是，他们需要我们的帮助，培养他们管理强烈情绪的能力，使他们遵守基本规则，与他人友好相处。我们对他们混乱情绪和狂躁行为的反应方式，决定着他们是否能够培养这种大脑功能。惩罚和疏远只能给他们带来更多忧虑，自我调节能力更差。相比之下，理解基础上的指导可以帮助孩子有效开发大脑，让他们在短短几年内迅速培养起情绪调节能力。随着镇定面对恐惧和控制愤怒能力的加强，他们更容易理解他人。

学前期（3–5 岁）：共情

共情是哺乳动物与生俱来的潜在品质。你可能已经注意到，当家中有人呻吟或者哭喊时，爱犬就会看上去不舒服，常常用舌头舔或偎依的方式进行安慰。当一个婴儿听到另外一个婴儿啼哭时，他也会随之啼哭。神经学家认为，当我们看到其他人经历强烈情绪时，大脑中的“镜像”神经元便会激活，我们也会产生相同情绪。

那么，所有人都具备共情的能力吗？虽然我们的共情能力具有一定程度的遗传差异，但人类是社会性动物，而且所有人天生都有共情潜能。所以，当人们故意相互伤害时，那是因为同理心失控，这种现象最早出现在童年初期。

正如我们已经讨论的那样，经过我们安慰和情绪“理解”的婴儿和学步期幼儿，具有情商开发的坚实基础，这种教育方式的另外一个词汇是“同理心”。我们试图理解孩子的感受，以接纳和安慰作为反应。孩子的情商发育使他有能力将天生共情能力发展为高情商。

下面，我们来看一看，如果孩子没有打好情商基础会出现什么情况。假设婴儿时期一个孩子没有获得足够安慰，经常独自哭泣，那么，他会性格暴烈，很容易发脾气。不幸的是，虽然他的父母出发点是好的，但是育儿知识不足。他们告诉孩子，如果他不听话，就会将他扔在商店。于是，他的情绪雷达会经常开启，扫描是否存在被遗弃的信号。他的人际关系工作模型告诉他，他人一直在阻碍他的需求，所以他的心理需求极为强烈，情感要求非常丰富。当他进入学步期后，顽劣的性格让他与父母经常发生冲突。他得出的结论是，他不能指望父母帮助他解决情绪问题。于是，他执拗地试图不让父母了解他的情绪。依赖感让他恐惧，因为他无法指望父母帮助他满足情绪需求。当他感到无法忍受缺乏关爱的状态时，就会发火。父母错误地认为，不能容忍他的无理表现，所以常常让他一人留在房间发脾气。这会进一步强化他的“冷酷心理”，并使他的人际关系工作模型带有剥夺品质。他好像背着沉重的包袱，里面装满悲伤和恐惧，但是又不能表达。为了阻止情绪包袱在毫无警示的情况下折磨和攻击他，孩子会以愤怒保护自己。于是，我们发现，他脾气暴烈，“点火就着”。

随着年龄增长，孩子的情绪变得脆弱，日常生活中的琐事很容易让他们火冒三丈。看到另外一个孩子哭闹时，他的镜像神经元被激活，忍不住感受对方的情绪。对他来说，这种情绪很强烈，也很不舒服。他可能对那个哭闹的孩子大喊“闭嘴！”，甚至击打对方。他也有可能将自己关进房间，让自己不受对方情绪的影响。如果这种情绪隔离做法不断重演，他就很有可能伤害他人。他的人际关系工作模型充满挣扎与痛苦，虽然他自己是无助的受害者，却在学习人际关系的另外一面——恃强凌弱。

然而，被父母以同理心抚养的孩子，则以完全不同的方式对待哭闹的那个孩子。当然，对方的哭闹让他不舒服，随着镜像神经元被激活，他会体会对方的感受，但是，他能更好地接纳这些感受。与其他所有孩子一样，他以前也有类似经历。不过，他知道一切都会过去。这是一个友好的世界，肯定会有人提供帮助，这些感受会消失。所以，他能容忍自己不舒服的感觉，甚至会设法进行安慰。他可能主动与那位小朋友分享自己的小被子，或者告诉老师那位同学在哭泣。我们看到，被同理心抚养的孩子正在发展自己的共情能力。他的人际关系运转模型是，人们能够注意并接受彼此的感受，人际关系可以修复，误会可以得到纠正，他已经可以感受人际关系的两个方面。

共情并非学龄前儿童培养情商的唯一方式。虽然他仍然会爬到你的膝盖上寻求安慰，但是他已经可以设法安慰自己，勇敢面对大多数情绪波动。学步期儿童的眼窝前额皮质还在发育，但是足以判断某种内心冲动是否可以被社会接受。因此，他经常可以阻止自己争抢玩具，或者突然之间勃然大怒。他甚至可以给自己的感觉命名，慢慢地，他可以通过语言表述自己的心烦意乱，而不是任性哭闹。这说明，他左侧大脑与右侧大脑的联系正在强化，左侧大脑是逻辑中心，右侧大脑偏重情感。他的情绪自我意识正在强化。

小学期（6–9 岁）：情绪自我意识

孩子长到 6 岁时，他们的神经系统已经接近成熟。此时，他们的额皮质可以强化、调整和组织自己的神经高速公路。他们可以稳定地实现自我控制、规划和组织，让执行功能顺利从童年向二十几岁过渡。事实上，科学家认为，在人的一生当中，大脑具有适应和调整能力，任何时候都可以在一定程度上接受再训练。然而，6 岁时，大脑的基本结构已经建造完毕，孩子有能力信任他人、自我安慰和共情。我们知道，环境好转的儿童可以进一步完善情绪自我规划，但是监护人需要付出大量关怀和耐心。

到 6 岁时，孩子已经建立了非常明确的人际关系模型。也就是说，他们通过自己的经历得出结论，哪些行为可以被社会接受。根据这些人际关系模型，他们培养了一系列策略，并通过它们管理自己的情绪。那些认为不能指望成年人帮助调整情绪的孩子，会很容易遭遇“强烈情绪”问题。现在认为不能指望成年人的孩子可能看起来更有自制力，实际上他们的内心更加脆弱。虽然外表冷静，内心却在狂跳。接受积极抚养的儿童更能坦然面对自身情绪，并在大多数情况下能够自己调整。也就是说，他们有能力控制自己的行为。他们的大脑更加健康，具有更高情商。他们大脑内部的高速公路已经建立起来，可以有效传递具有安慰作用的生物化学物质，控制杏仁核释放的恐惧和愤怒反应。因此，他们有能力利用更加健全的大脑，在更高层次上控制情绪。他们更加自信，能够更好地面对他人的情绪，所以能够从更深层面与他人建立联系。

对于6–9岁的儿童来说，他们的任务是在实践中运用自己不断成熟的情商，更好地控制成长过程中出现的众多情绪挑战。不幸的是，不能控制自己情绪又受他人影响的儿童，很难完成这些日常发育过程中遭遇的任务。当忧虑和愤怒阻碍这些孩子处理此类日常障碍时，他们的自尊就会受到伤害，因而变得更加执拗和苛刻，试图以此控制恐惧。

虽然高情商儿童也会遭遇相同障碍，但是可以更加得体地处理。正确处理这些日常发育障碍，有助于他们提高情商，锻炼情商“肌肉”。

对于父母来说，这一年龄段的孩子比较好教育。6岁之后，儿童的大脑能够更好地控制情绪冲动。由于情绪控制能力的改善和专注学校活动，许多父母甚至不会注意到孩子内心的情绪问题。可以理解，此时的父母终于可以松一口气，将更多精力投入到忙碌的生活上。不幸的是，他们没有将孩子的异常行为视为求助信号。大多数父母以“后果”和其他惩罚方式教育孩子。他们没有借机帮助孩子处理恐惧和需求，这些正是“糟糕”行为和开发情商的基础。

对于细心的父母来说，小学期的儿童在心理上还相当依赖父母，这一时期正是帮助孩子学习处理情绪问题的最佳阶段。接受同理心教育的孩子实属幸运，父母对他们情绪的热情接纳让他们受益匪浅，父母的专心倾听还能帮助他们更好地理解自身以及他人的情感和需求。这些父母知道，行为异常的孩子实际在暗示父母他们需要情感援助，父母把孩子的异常行为视为帮助其成长的机会。由于这些父母能够管理自身忧虑，他们也可以通过倾听、思考、帮助孩子开动脑筋等方式解决遇到的问题。到孩子9岁时，他的情商可能比同学超前数年，能够更好地管理自己的情绪，从而更好地控制自身行为。

那么，父母应该如何做，才能培养高情商儿童呢？我们一起来看一看。

情绪引导的基础

我担心，这种方法可能惯坏我的孩子，或者导致更多错误行为。事实证明，这种方法增强了他们积极表现的愿望。上个周末，我4岁的儿子开始向我大喊大叫。我深深地吸了一口气，压制了想要教训他的冲动，没有像过去那样强制他顺从。我将他放在膝盖上，任由他哭泣。我说，我理解他的心情，当你想要做某些事却不被允许时，内心的确非常难受。我告诉他，当他长大之后，可以整天都做那件事。他又哭了大约一分钟，然后站起身说："好了，我没事了。我们去公园吧！"过去，类似事件都会演变成一场激烈战斗。最后，我都会感到身心俱疲，并觉得自己非常冷酷。

——拉拉，18个月和4岁孩子的母亲

儿童如何开发情商

每一个孩子出生时，都希望与他人亲密沟通，都希望能够处理生活中遭遇的问题。这样，人们才会快乐。但是，在成长过程中，有些孩子会遭遇挫折，甚至放弃追求目标。他们到底遭遇了哪些障碍？他们无法满足自己的重大需求，也不能处理重大情绪问题。作为父母，我们有责任满足他们的需求，帮助他们处理重大情绪问题，从而帮助他们发展出高情商。

你是否注意到，帮助孩子调整情绪最困难的方面是什么？大多数人童年时期接受的教育都认为，情绪是危险事物。如果不能容忍自己的悲伤和愤怒，我们就不能容忍孩子的悲伤和愤怒。如果我们不能包容孩子的失望、愤怒或痛苦，就等于告诉他们，他们的情绪非常危险，必须制止。不幸的是，这样做并不能消灭情绪，只能阻碍他们学习正确的处理方法。

本章将向你讲述帮助孩子培养高情商的基本技巧：移情换位，理解情绪和需求；帮助孩子处理重大情绪问题，包括恐惧和愤怒的处理。

同理心，情商的基础

有一天，我的情绪出现了失控，对年仅 4 岁的女儿大发雷霆。她向后倒退了几步，但是没有惊慌，而是静静地看着我。然后，她走过来，拥抱着我说："你看上去心情非常糟糕！"过去，她曾经感受到我对她和她负面情绪的理解，现在她竟然可以帮助我恢复平静，在我需要的时候对我进行安慰。

——坎迪斯，一个 4 岁女孩的母亲

约翰·高特曼（John Gottman）认为，同理心并非只是情商的基础，还是有效育儿的基础。高特曼与丹尼尔·戈尔曼合著了《培养高情商儿童》（*Raising an Emotionally Intelligent Child*）。同理心为何如此重要？同理心对你理解孩子并与他们有效沟通起着重要作用。同理心可以阻止你将儿时经历的问题在孩子身上全部重现一遍。如果没有同理心，你的孩子不会感到你的关爱，尽管你可能非常爱他。

同理心通常被定义为，站在他人视角看待问题。同理心实际是一种生理机能，由我们的右脑脑岛控制。你是否还记得，在孩子 2 岁前能够运用语言时，他的右脑结构是如何形成的？科学家认为，右脑是亲密关系的"作曲家"。脑岛将大脑与心脏、消化器官和皮肤联系起来。所以，当心脏极速跳动时，我们的胃就会翻滚，皮肤也会紧绷，说明脑岛在向我们发送信息。当我们感到极大同情时，我们的身体也会发生反应。因此，对同理心的一个更加准确的定义是，站在他人的视角去"感受"。

当父母对一个内心痛苦的孩子表现出共情时，这种本能性联结会促使一切发生改变。共情作用可以强化人际关系的情感纽带。共情可以让孩子感到被理解，面对痛苦难受时也不会过于孤独。共情可以治愈伤痛。同理心能够让孩子学习人与人之间最深层次的沟通方式，为他们将来培养良好的人际关系提供扎实基础。

那么，儿童如何培养同理心？与让情绪健康发展一样，同理心培养也是一个自然过程，前提是孩子必须从父母身上感受到同理心。所以，培养同理心对孩子是双重礼物。同理心不仅可以帮助孩子学习管理情绪，还可以帮助他理解他人。对你来说，以同理心理解也是一份礼物，感受到你理解的孩子会更加配合，更好地接受你的指导。换言之，同理心可以让育儿过程变得非常轻松！

但是，大多数父母认为，同理心教育会产生焦虑。你如何处理这一问题？

其实，你已经知道答案了。当你说“我知道你的感受”或“看起来你今天很累”时，你就在运用你的同理心。每次当你站在超越自身感受的高度，从孩子的视角看待问题时，你就在与孩子共情。听起来相当简单，是不是？那么，共情为何具有如此巨大的威力？把共情看成你摆放在孩子面前的一面镜子。你对他感受的接纳和理解，可以帮助他认识和接受自己的情绪。这样，他们的情绪压力可以释放、消散。我们无需针对情绪采取行动，甚至没有必要喜欢它们。我们只需承认它们的存在，将我们从情绪的束缚下解放出来。

接受孩子的情绪，让他明白，有情绪并不危险，并不羞耻，事实上，情绪是普遍现象，是可以管理的。每个人都有这种感觉，它甚至有自己的名字！孩子感到被理解和接受。孩子开始意识到，在处理强烈情绪冲突方面，他并不是特例。

共情不包括的含义

☆ 放纵。你可以（而且应该）设定限制。关键在于，承认孩子讨厌这些限制。你应该包容孩子的失望和对你的愤怒，以及所有其他情绪，这一点很重要。

☆ 解决问题。要点在于帮助孩子克服烦躁的情绪，让他自己思考解决办法，而不是代替他解决问题。当孩子表达自己对某件事情的感受时，你应该认真倾听，认可他的感受，而不是匆忙提出解决办法。这意味着你必须管理自己对此问题的焦虑感（也就是说，你必须镇定面对焦虑，避免轻率行动）。

☆ 赞同。接受孩子的感受，进行思考，并不意味着你赞同他们的观点，提供支持。你只是告诉他，你理解他的感受，仅此而已。如果你曾经感到被人理解，便会知道这是一件多么有价值的礼物。

☆ 探究。“告诉我你的感受！”并不是共情。共情是和孩子促膝谈心，让他主动向你展示自己的感受，而不是揭开伤疤，研究伤口。

☆ 分析。“我知道你心情很糟糕，因为今天是你姐姐的生日。”共情是接受和认同他人的情绪表达，但并不进而分析他们的内心感受，让他们不舒服——即使你是正确的，也不要这样做。只需简单的一句问候，“亲爱的，你今天脾气很暴躁”，就足以让他注意到问题。甚至，言语都是多余的，尤其孩子长大后更是如此。当你指出他人心情时，人们就会感到你在对他们进行分析和判断。你只需和蔼而同情地说“嗯……”、“哇！”或者“对不起”，便能让孩子感到你的理解。

☆ 小题大做。让你的反应与孩子的情绪对应起来。儿子的足球队在比赛中失利，情绪有些低落，你的反应不能过火，好像有人去世一般。

☆ 讨论感受。这会让他心情更加糟糕，让他认为自己的感受是错误的。结果，他的情绪被迫隐藏在潜意识之中。但是，他一直拥有负面感受，一旦出现最轻微的刺激，就会爆发。

☆ **试图让孩子振作起来。**当然，你希望帮助孩子克服不愉快的感觉，但是你不能让他认为应该尽快逃离那些情绪。一旦他拥有安全机会，注意、接受并向自己或你表达自己的情绪，不愉快的感受就会自行消失。如果环境和话题变化后，他就会主动“振作起来”。你已经向他发送了信息，他的一切都可以接受，包括他不舒服的感觉。

共情包括的含义

☆ **倾听和接受，不用急于解决所有问题。**你没有必要解决所有问题。你没有必要赞同他的观点。但是，你必须接受的是，你的孩子有权利拥有自己的情绪。不要将这些情绪视为是针对个人的。

☆ **镜像、承认和反应。**“你对弟弟非常愤怒”，或者“哇，你似乎越来越激动了”，或者“你似乎对外出过夜忧心忡忡”。

☆ **尊重合理的界线。**共情并不意味着你将失去幸福感。你对孩子的热情理解表明，你同情他世界末日的感受，同时你的情绪自我调节能力又能让他相信：经过漫长黑暗的隧道，末端一定会有阳光。

孩子的情绪背包

今天，我开车回家时，儿子一直嘟囔着要去饭店吃饭。后来，他尖叫起来。我能感觉到，我的耐心在一点点耗尽。但是，我努力保持镇定，并尽量安慰他：“我知道，你非常希望在那家餐厅吃饭……你很伤心……现在，你哭了。”回家之后，我希望马上做饭，我们两人都饿了。但是我知道，他必须首先卸下自己的情绪背包。所以，我告诉他，只要他愿意，我就可以一直抱着他。有趣的是，这一过程并不漫长。他哭得很伤心。过了一会儿，他深深地叹了一口气说：“我真的希望去那家餐厅吃饭，我非常伤心。”令人惊讶的是，那天晚上气氛非常好。

——希瑟，4 岁男孩的母亲

人们不能彻底压制自己的情绪。当我们忽略或“塞填”情绪时，我们只是将情绪从意识区域挤压到了潜意识区域。对于潜意识情绪，我们是无能为力的。不幸的是，这种做法使我们不能控制这些情绪，它们必然会爆发，有时甚至导致灾难性后果。幸运的是，为了管理情绪，我们没有必要刻意压制。随着年龄的增长，我们可以利用语言和故事调整自己的情绪（今天，我累了，所以心情不佳，反应有些过敏）。我们的理性思维使我们感到足够安全，即使刻意充分感受重大情绪。当我们允许自己感受情绪时，它们会在我们内心一扫而过，消失得无影无踪。

和其他人一样，孩子也需要体会自身情绪，然后才能排解，让它们消失。不过，由于孩子的理性大脑还未发育完全，他们还不能利用它们获得安全感。事实上，孩子更多地依靠你。你和蔼的表情让他感到足够安全，可以充分体会泪水和恐惧。如果你没有出现在孩子眼前，或者他感到目前与你存在隔阂，他就会将这些感受装进“情绪背包”，一直背负着它。在孩子感到足够安全，卸下“情绪背包”前，他会表现得极度封闭，情绪脆弱，试图阻止它们对外展示。他还不能充分利用精神资源，有效地处理日常生活遭遇的挑战。

不幸的是，你的孩子通常不会告诉你他心情不佳。他还缺乏处理情绪的经验，所以他并不知道如何寻求帮助。他只知道自己心神不宁，暴躁易怒。幸运的是，那正是你应该注意的信号，感觉不佳会让他们表现不佳，或者“行为乖张”。你可能听人们使用这个词汇描述行为不当的孩子。不过，我们也可以将不当行为视为孩子无法用语言表达重大情绪问题的一种方式。所以，对父母来说，孩子的所有“不当行为”都是一种信号，说明孩子需要我们帮助他处理某种情绪问题，正是这种情绪导致了他的不当行为。

下面是孩子需要你帮助解决情绪问题的一些信号：

☆ 他变得执拗，表现出必须满足某种需求的极大渴望。如果你真的满足了他的要求，他会马上提出另外一个要求。

☆ 他性情暴躁，总显得闷闷不乐。无论如何，你都无法让他高兴。

☆ 他“行为不当”，甚至在违反规则时，还会盯着你看，说明他与你存在重大隔阂。（如果孩子感到被强烈的负面情绪控制，他们就会感到心理隔阂和孤独无助。）

☆ 他一时冲动“激情发泄”，例如，击打或折断某件物品，说明他正在承受无法控制的情绪。

☆ 他就像一个无底洞，总是重复同样的不当行为，你付出的所有关爱和呵护都无法改变他的习惯。

那么，你到底怎样才能帮助孩子处理重大情绪问题呢？泪水和笑声能够让我们释放焦虑和情绪，当孩子愿意玩耍时，为他提供帮助，当他希望哭泣时，允许他流下泪水。换言之，经常进行一定数量的游戏，尤其与孩子成长有关的游戏，可以帮助他们解决从事适当活动时遭遇的常见恐惧和挫折感。对于孩子表现出隔阂的“不当”行为，你可以以玩笑方式回应。例如，当孩子违反一项次要规则并盯着你看时，可以以友善方式抓住他嬉戏，以游戏方式重新修复亲子关系。你是否应该让他明白，你非常重视他刚刚违反的规则？他早已知道了那条规则。他之所以违反这一规则，只是因为某种需求没有得到满足，或者需要你帮助处理某个重大情绪问题。但是，在你能够纠正他的行为之前，你必须首先与他建立情绪联结。惩罚只能让他感到缺乏安全。相反，游戏可以创造安全感，释放联结的荷尔蒙——催生素。

因此，如果孩子盯着你将玩具倒在地板上，并不是因为他认为玩具应该呆在地板上。或许，他需要与你沟通；或许，他认为受到了忽视，你一直在照看另外一个小宝贝；或许，他在担心今天的野外旅行；或许，你与丈夫前天晚上的争吵还让他心有余悸。你无需知道导致他不当行为的具体原因，你需要做的第一步，就是与他进行联结。你可以夸张自己的愤怒，“这些玩具到底是怎么回事？噢，不，真是太糟糕了！你过来，你，随便乱倒玩具的小家伙！我要让你看看随便倾倒玩具的后果！”把他抓住，举过头顶，和他一起在房间内奔跑。然后，在玩具旁边停下，在他的肚子上亲吻 10 次。通过倾听他的笑声，你可以知道与他联结的程度。他的笑声越多，他的压力释放就越彻底。通常，这种小游戏就足以让孩子重新阳光灿烂，愿意与你一起清理散落在地上的玩具。

然而，至少有些时候，当孩子向你释放暴躁、乖戾或执拗信号时，他的情绪非常强烈，游戏结束后，你别无选择，只能流泪。但是，很多情况下，当人们需要哭泣时，我们都担心这些强烈和易于造成伤害的情绪。为了阻止它们的伤害，我们就会发泄。所以，当孩子遭遇某些让他恐惧的情绪时，他就会试图不去感受。相反，他会发怒。他会将这些情绪发泄出来。当然，他非常清楚“规矩”，也愿意“举止得当”。但是，他并不知道自己已被强烈情绪控制，被迫做出不当举动，感觉像一个坏孩子。他的不当行为只是寻求帮助的一种呐喊。

他需要何种帮助？他需要父母以同理心接纳他的愤怒，帮助他顺利克服愤怒背后的哀伤与恐惧。他需要向你展示，他受到了多大伤害，需要你听到了他的痛苦。是的，他会面对这些情绪。但是，他首先应该知道，拥有愤怒并不表示他是个坏孩子，他需要你的关爱才能面对所有恐惧、失望和愤怒背后的哀伤。这样，他才能度过这段情绪危机。

理解愤怒

孩子需要关爱，尤其当他们不值得关爱的时候。

——哈罗德·赫伯特（Harold Hulbert）

关于情绪，我们能够向孩子传递的一个最为重要的信息是，愤怒是人类的一种普遍情绪，不过它是可以管理和控制的。那么，我们如何向他们传递这一信息呢？对于他们的愤怒，我们必须承认并做出回应，不应漠然对待，更不能给予惩罚。一旦孩子认识到，我们愿意倾听他们的愤怒，并做出适当回应，他们便会以更加镇定的方式表达愤怒，不再采取侵犯行动。相反，如果父母告诉孩子，愤怒是不可接受的，属于羞耻行为，他们便会设法压制愤怒。这就意味着，他们将愤怒暂时埋藏起来，一旦时机成熟，便会在不受意识控制的状态下爆发。因此，我们对孩子愤怒的处理方式，既可以帮助他们了解这种情绪，也有可能促使他们养成暴力倾向。

盛怒之下，我们可能不会注意到，愤怒实际是抵御恐惧、伤害、失望、痛苦等深层情绪的一种手段。当这些深层情绪的杀伤力过于强大时，我们便会以愤怒方式避免感受它们带来的痛苦。我们以攻击方式抵御想象之中的威胁，本能地意识到攻击是最好的防御。有时，攻击的确情有可原，前提必须是威胁真的存在。虽然孩子感觉十分脆弱，经常发怒，但是真正的威胁极为罕见。大多数情况下，孩子发怒时，他们首选的攻击对象是弟弟（弟弟弄坏了他们心爱的纪念品）、父母（父母以“不公正”的方式惩罚他们）、老师（老师让他们出丑）、操场上的恃强凌弱者（这些孩子让他们感到恐惧）。

你要记住，孩子发怒时，实际在告诉你，他受到了惊吓，感到孤独，或者内心受到了伤害。这样，你才能帮助他有效处理愤怒。你需要做的是，既要承认他们的愤怒，又要接受愤怒背后的情绪。一旦有机会感受自己一直刻意回避的脆弱情感，孩子便不再需要以愤怒作为防御手段，愤怒也会随之消散。

如果孩子生活的家庭环境能够以积极方式处理愤怒，他们便能以更富有建设性的态度学习如何管理愤怒。这意味着：

☆ 控制攻击性冲动。如果我们接受孩子的愤怒并保持镇定，他们便能奠定积极的神经通道，学习情绪处理技巧，在不伤害自己、他人或财物的前提下，保持平静的心态。进入幼儿园以后，他们便能容纳泛滥的肾上腺素或体内其他的“战斗”性化学物质，不会冲动之下殴打他人。

☆ 承认愤怒背后更加危险的情绪。如果孩子能够主动感受心爱纪念品损坏带来的痛苦、母亲不公正行为带来的伤害、课堂上不能回答问题带来的羞耻、同学威胁带来的恐惧，他们便能获得长足进步。此时，他们不再需要借助愤怒抵御这些情绪，愤怒也会自然消失。

☆ 以建设性方式解决问题。你需要以愤怒为契机进行必要改变，消除导致孩子重新发怒的因素。例如，将他们心爱的纪念品放到弟弟拿不到的地方，或者与恃强凌弱的孩子的父母取得联系。或许，你还需要承认孩子在问题中应该承担的责任，促使他们遵守父母的要求，获得更好的表现，以更加充足的心理准备去上学。

显然，要掌握这些技能，父母需要对孩子进行多年指导。但是，当孩子 6 岁时，他们的大脑已经发育到了一定程度，他们的思维中心应该能够控制较低大脑中心发出的紧急信号。如果孩子极其焦虑，无法控制自己的攻击性冲动时，说明他们需要父母帮助他们处理内心的情绪压力和愤懑。如果父母能够让他们感到足够安全，促使他们表达自己的愤怒，感受更深层次的情绪，小学时期的儿童便能控制自己的愤怒，寻找解决问题富有建设性的办法。

满足孩子内心深处的需求

> 我们设法让孩子们每周上9节课，安排去迪斯尼度假，为十几个5岁的孩子过生日。那么，为什么在烛光之下安静地听故事似乎无法施行呢？事实上，对于孩子的心灵培养来说，讲故事的作用更大。
>
> ——卡特丽娜·肯尼森

有时，孩子之所以爆发强烈情绪，是因为他们的一些重要需求未能得到满足，但是他们又无力描述这些需求。大多数父母仅关注孩子的生理需求，包括睡眠、饮食和卫生等。很多时候，我们常常忘记他们还有更深层次的需求：

- ☆ 知道父母喜欢他们，关心他们，希望他们快乐。（价值感、安全感和自尊）
- ☆ 感到被父母真正注视、了解、接受和认可——甚至包括“令人羞耻”的情绪，如愤怒、嫉妒、吝啬和贪婪。（无条件的爱）
- ☆ 通过与父母放松、嬉戏、自由、鼓励的定期团聚，保持亲子联结。（亲密感，归属感）
- ☆ 成功面对日常生活中具有挑战性的情绪。（情绪健康，自我承认）
- ☆ 掌握新技能。（能力、独立和自信）
- ☆ 根据自己内心的愿望采取行动，并以此影响世界。（自主，权利）
- ☆ 参与和贡献。（价值，意义）

孩子无法明确表述这些需求。当这些需求未能得到满足时，他们便不能健康成长。他们看起来不快乐，不配合，无法满足。无论如何，他们好像永远不能满意。他们只是一味地要求，要求，还是要求。要求睡觉前有更多时间，要求比兄弟姐妹获得更多照顾，要求占有更多东西。

提供更多我们原本就不需要的东西，永远不可能满足我们内心深处的愿望。

幸运的是，如果需求没有得到满足时，孩子会让我们知道。事实上，孩子所有的“不当行为”都是他们发出的SOS信号，提醒你注意他们的某些情绪未能满足，或者存在纠结的感受。如果你认真倾听孩子的表达，并让他们知道你非常重视他们的需求，你便会发现他们放松下来，不再看上去必须和你进行一场战斗，他们的需求才能得到满足。当需求得到满足之后，他们和我们的感受是一样的：舒服、快乐、开朗和感激。此时，他们便准备开始合作了。

如果孩子感到无法使我们相信他们的需求是正当的，他们就会抱怨，将一切变为权力争斗，或者变得冷漠和轻蔑，我们通常将其称为“不当行为”。但是我们也可以将这种现象视为孩子幼稚而混乱的策略，满足他们的合理要求。

这是否意味着你不会感到心烦意乱？或许，这是你无法回避的。但是，设法转换烦躁心理，可以帮助你更加有效地纠正孩子的行为。要提醒自己，你的孩子只是希望满足一种合理需求，你的帮助可以让他更有效地找到一种满足需求的方法。

当然，并非所有要求都是需求。但是，当我们满足孩子更深层次的需求，并被孩子看到、感激和增进联结时，他们就会变得更加快乐，更愿意配合。因此，当他们不断提出要求，并认为可以借此使自己变得更加快乐，但遭到我们的拒绝时，我们便能更好地处理他们失望的心情。他们的这些要求并非需求，它们只是孩子为满足需求所采取的策略。给予孩子更多关注，使他们同样可以感到甜美，效果比他们得到想要的糖果还要好。

难缠儿童的情商指导

有些儿童天生具有紧张或压抑倾向。有时，这些倾向相当严重，足以表达他们的负面思维、强迫行为、恐惧或忧虑行为，使父母难以处理。与过去一样，我们还是应该从三大理念入手——自我调整，建立联结，引导而非控制。如果我们能注意到自己对孩子问题表现出的恐惧和失望的紧张情结，首先应该放松心情，为我们和孩子提供心理调整的空间。如果我们能够与孩子保持极为密切的联系，这种安全感比任何其他尝试都能更加有效地缓解他们的负面情绪。研究表明，父母的回应方式决定着一个腼腆的孩子可以成长为一名领导者，还是一名隐士。最后，引导而非控制意味着：创造性思维，从外部寻找帮助，成功应对孩子的特殊挑战。某些情况下，专业干预十分必要。其他情况下，孩子需要我们从外部给予支持，帮助他们克服恐惧，使他们能够顺利完成适合自己年龄段的成长任务。那么，这一过程到底怎么样呢？

当摩根开始上学前班时，她每天早晨都会缠着妈妈，不断叫嚷，希望在学校整天都能受到关注。她的老师付出了极大努力，希望与其建立良好关系。最后，摩根终于允许妈妈在早晨离开，尽管她总是泪水涟涟。一天之中，她一直形影不离地跟着那位老师。在家里，摩根害怕小虫子，害怕被水冲进下水道，害怕洗头发，害怕邻居家拴在篱笆后面的小狗。她似乎天生是一位完美主义者，要求所有事情必须按规矩进行，一旦受到批评就会嚎啕大哭。她一直无法正常入睡，一旦父母试图离开房间，她就会抓住他们不放。入睡之后，她又会不断醒来，大声尖叫，直到父母其中一人和她躺在一起才肯罢休。她的父母睡觉都很轻，只好交替值夜班，每人隔一天就要晚上频繁起床照顾她。

虽然摩根过去受过伤害，但是她的性格的确具有明显的焦虑倾向。在学校玩游戏时，她不愿出头，甚至吃午饭时也不愿讲笑话。但是，这并不意味着她不能拥有快乐的童年、亲密的朋友和高质量的生活。摩根可能一直有点儿紧张，但是她的父母完全可以帮助她学会控制自己的情绪。对于心情紧张的儿童，父母可以通过如下方式提供帮助：

- ⊙ 引导孩子注意自己的紧张情绪，鼓励他安静下来。
- ⊙ 引导孩子关注自己的感受，并充分表达（隐藏情绪会导致紧张）。
- ⊙ 引导他培养社交技巧。
- ⊙ 引导他学习放松技巧。
- ⊙ 引导他通过实际成绩培养自信。
- ⊙ 引导他通过处理身体挑战控制恐惧。
- ⊙ 最大程度地降低他生活中的压力。

摩根的父母开始每天晚上帮助她进行放松练习，促使她放松心情。他们每天腾出时间与摩根嬉戏，与她假装扭打，帮助她获得生理上的自信。在“特别时光”，他们与摩根一起游戏，以欢笑缓解短暂分离、完美倾向和控制心理的压力。最后，他们决定从睡眠入手，帮助她消除恐惧心理。

首先，父母通过睡眠游戏帮助摩根消除紧张情绪。她的父亲假装在沙发上睡着，由于没人陪伴，又多次醒来。摩根被逗得哈哈大笑，告诉爸爸不要像小孩子一样紧张。然后，为了让摩根不断发笑，爸爸尝试了各种方式继续这一游戏。例如，摩根将爸爸安顿在沙发上，告诉爸爸她知道他能够自己入睡，爸爸则恳求她不要离开，结果摩根咯咯地笑起来。

几周以后，她的父母选择了一个没有其他活动安排的周末，告诉摩根他们将帮助她学习如何自己入睡，并让她一个人躺在床上。首先，摩根表现出紧张，然后又转换为极度的恐惧。她开始哭喊、尖叫、发怒、摔东西、挣扎，并躲在床下。她的父母相互鼓励，尽量保持镇定和耐心，告诫对方他们并不是在伤害女儿，而是在帮助女儿充分表达深埋心里的、顽固的和发自主观故意的恐惧，促使她克服这种恐惧。到达睡觉时间时，他们给摩根盖好被子，告诉她他们会一直确保她的安全，他们相信她能够独自入睡。父亲离开后，摩根的母亲实际并没有离开。事实上，在摩根哭泣期间，她一直搂着女儿。每当摩根安静下来之后，妈妈都会祝她晚安，准备起身离开。然后，摩根又会哭起来，抓住妈妈。最后，经过 4 个小时的哭闹、战栗和虚汗，摩根告诉妈妈，她可以离开，前提是当她呼叫时，妈妈能马上回来。结果，摩根顺利地睡了一个晚上，这是她一生中第一次独自睡眠。第二天晚上，这一过程再次上演，但是仅仅持续了半个小时。不久，摩根便独自入睡，一夜平安。

这是否属于睡眠训练？更确切地说，摩根难以与父母分离，无法独自睡眠。所以，她的父母帮助她释放并消化这种引发分离焦虑的恐惧。摩根注意到，父母从未让她独自哭泣。相反，他们明确告诉女儿即将离开，然后帮助她克服由此产生的恐惧。焦虑本质上是一种恐惧，是所有孩子难以入睡的根本原因之一。虽然 4 岁的孩子与父母在一个床上睡觉没有太大问题，但是他们完全可以单独睡觉，前提是父母能够帮助他们战胜恐惧。

这是否是一则成功故事？绝对是。但是，最值得注意的是，摩根从总体上变得更加放松，其他恐惧也自行消散。恐惧有着从最初根源向外传播的倾向。当我们为忧虑儿童提供机会，帮助他们克服内心累积的恐惧时，我们也赋予了他们更多勇气和自由，使他们在生活的所有方面实现进步。

行动指南

（从我接受她的感受开始），我的女儿发生了巨大变化，变得更加理智和富于配合。我们仍然会遭遇艰难时光，但是哭闹已不复存在！我认为，如果她对某件事情感到忧虑，她有权利感受自己的情绪。我会（深吸一口气）努力让步，让她哭泣 5 分钟，允许她爬上我的膝盖，相互拥抱，然后继续我们应该做的事情。当她极为愤怒时，我们也会花相同的时间，但是这一过程压力已经大大降低，也不会带着愤怒和憎恨离开对方！

——勒内，一个 4 岁女孩的母亲

你是否已经准备好对孩子进行情绪引导？首先，你应该深吸一口气，让自己尽可能地保持镇定。然后，调动你所有的同情心，为孩子营造足够的安全感，让他们充分感受自己内心的情绪。一旦他们能够这样做，这些负面情绪就会自行消散。一段时间以后，这种主动感受的做法就会让孩子承认和控制这些情绪。听起来相当简单，是吗？是的，但是实践起来并不容易。本章的行动指南将帮助你进一步完善情绪引导技巧。

儿童情商培养七步法

你是否希望培养一个高情商的孩子，并在思考从何入手？你可以利用下面的 7 个基本步骤，进行日常训练，然后我们会告诉你，当孩子情绪激动时，应该如何处理。

1. **承认孩子的观点，充分表达同情。**你无需“解决”孩子担心的所有问题，但是你必须换位思考。我们都知道，让他人理解我们的观点十分重要，当我们无法按照自己的意愿行动时，同理心会让这一过程变得更加简单。“我知道，让你停止游戏过来吃饭并不容易，但是现在应该吃饭了。”

2. **允许孩子表达情绪，甚至在他做限制性行动时。**孩子有权利表达自己的感受。孩子需要你做的是，引导他们以正确方式表达自身情绪。“弟弟将你的玩具弄坏了，你非常生气，但是我们不能打人。跟我来，让我帮你告诉他你的感受。”

情绪是信号，不是让你痛苦挣扎的泥浆。大多数情况下，一旦孩子感到自己的情绪被父母理解和接受，情绪强度便会减弱，并开始逐步消失。

3. 对孩子问题行为背后的需求和情绪做出反应。“讨厌”行为是重大情绪或需求未能满足的信号。如果你不能解决情绪和需求问题，它们早晚会爆发，并引发其他问题行为。因此，对行为不端或冷漠麻木的孩子不要一味指责。你可以这样对他说：“今天上午你很不开心。上学充满乐趣，同时你又希望能和妈妈在一起。放学时，我会准时来接你。然后，我们一起做游戏，共同度过特别时光，好吗？”

4. 当你不能满足孩子的某一要求时，应该承认它，并通过“愿望满足”方式予以支持。你会惊讶地发现，通过引导孩子的想象，你可以打破与他们之间出现的僵局。某种程度上，这是因为这种做法表明，你真的关心孩子的需求。除此之外，还有另外一个奇妙的原因。想象愿望被满足可以让我们暂时获得满足感。也就是说，在大脑的扫描图上，大脑看上去得到了满足！因此，你可以让孩子想象愿望得到满足，这样可以降低愿望背后的情绪强度，使他以更加开放的心态接受替代解决方法。“你希望能吃饼干。我敢打赌，你现在能吞下10块！是不是非常美味可口？”然后，设法满足孩子更深层次的需求：“我想，你肯定饿了。我们马上就要吃饭了。不过，我知道你不能再等了。我们来找一种更为健康的点心，消除你的饥饿感。”

5. 通过讲故事的方式，让孩子理解自己的感受。当孩子情绪波动时，他的行为受大脑右半球的控制。这些情绪需要承认和感受，否则孩子将遭受绑架。因此，情绪引导的第一步，永远是同情孩子的感受。然后，我们需要帮助孩子利用左脑，大脑的这一部分负责逻辑思维。这样，孩子可以更好地理解当前发生的事情，不再只是受强烈情绪的控制。为此，你应明确指出他的情绪（你感到非常失望），然后讲述相关故事："是的，是这样……当我们去看牙医时，最初你非常害怕，拒绝张嘴让对方检查……后来，你握住我的手，表现得非常勇敢。医生说，你刷牙刷得非常好！"

6. **指导孩子解决问题。**情绪是信号，不是让你痛苦挣扎的泥浆。大多数情况下，一旦孩子感到自己的情绪被父母理解和接受，情绪强度便会减弱，并开始逐步消失。这为他们解决问题创造了契机。有时，孩子可以自己这样做；有时，他们需要你的帮助和指导。但是，一定不要越俎代庖，代替他们解决问题。否则，孩子便会认为，你不相信他具有自行解决问题的能力。"你看上去非常失望，因为克洛伊病了，不能过来和你玩。你非常希望和她一起玩。如果你愿意，或许我们可以一起想一想，看看有没有其他有趣的活动。"

7. **游戏指导。**游戏是儿童处理个人经历的方法。孩子面临的大多数情绪问题都可以通过游戏得以解决。游戏对于规范儿童行为十分有效："今天，你扮演超人！你非常强大！你能不能帮我小心地将手推车推过购物通道？"如果你发现孩子正在酝酿负面情绪，游戏是最好的治愈手段："我们来玩再见游戏吧……看看，妈妈总会回来的！"（关于再见游戏和其他处理情绪问题的游戏，请参考本章的"与孩子一起娱乐：情商游戏"。）

利用情绪引导克服愤怒

昨天晚上，我的女儿非常粗暴地拿着一件玩具玩耍。当我把玩具拿走后，她勃然大怒。她尖叫道："给我拿回来！"我在她身边蹲下来，向她伸出双臂。她紧紧抓住我，伏在我的肩膀上伤心地哭起来。当她稍稍镇定以后，我问道："当我把玩具拿走时，你是不是很生气？”“是的，我很生气。”她点点头，哽咽道。又过了一会儿，她抬头望着我说：“我爱你。”我们相互亲吻了对方。当天晚上，我说她已经长大了。她点点头说：“有时，我还会哭泣。”“我有时也会哭泣。”我答道。她又点点头：“哭泣是正常的”。

——吉斯，4 岁女孩的母亲

当乌云酝酿暴风雨时，即使最和善的父母都有可能情绪激动，使局势升级，而不是保持镇定。但是，此时正是孩子最需要你帮助的时候，他们可以从你身上学习如何控制自己的情绪。

☆ **选择释放情绪的时机。**当你注意到孩子的行为变得僵硬、苛刻、偏离正常轨道时，你便需要确定一个时机，“定时释放”情绪压力。如果你忽略他的行为，希望他心情会变好，他的行为极有可能升级，直至彻底爆发，而且极有可能在你最不希望发生的时间爆发。因此，你需要合理安排自己的时间表，“定时释放”孩子的情绪压力。确保此时，你能保持足够镇定，同时具备足够的同情。

☆ **调整你的感受，**以便迎接孩子的情绪爆发，帮助他更好地释放内心压力。如果我们保持镇定，就等于告诉孩子，并不存在紧急状况，尽管当时他可能并不这样认为。这会让他感到更加安全。

☆ **设定同情限制。**俯下身，用胳膊搂着他，看着他的眼睛，设定你极富同情的限制：“不行，现在不能吃饼干，马上就要吃饭了。”此时，他几乎肯定会发怒。

☆ **在承认孩子愤怒的同时，设定必要限制，确保所有人的安全。**“你很生气，但是绝对不能打人……我必须保证大家都安全。”

☆ 如果孩子没有哭喊，而是表现出愤怒，可以通过善意冲突方式，促使他表达自己的恐惧。“宝贝，你刚刚拿玩具投了猫咪。你把猫咪吓坏了，玩具不是用来扔着玩的。”盯着他的眼睛，保持镇定。他极有可能无言以对（不知所措），羞耻地避开你的目光，或者挑战似地盯着你看。无论如何，你都应向他伸出双臂：“宝贝，我看到你心情很糟糕。但是，我不允许你伤害猫咪。”此时，几乎可以肯定的是，孩子不会直视你的眼睛，他可能愤怒地扭过身去。这是因为，他感到你的眼神充满慈爱，他冷酷的心会变得柔软，他一直试图隐藏的有害情绪会一股脑地涌上心头。这种情况肯定让他感到恐惧，他有可能突然哭起来（这样最好！），或者愤怒地爆发。

☆ 如果孩子变得愤怒，你应继续与他沟通。千万不要让他走开，独自“冷静一会儿”。这样做只能让他认为，他只能独自面对重大的和令他感到恐惧的情绪。

☆ 你可以抱着他，但不要让他感到疼痛。如果你不能抱他，可以触摸他，并且温和地说：“让我把手放在你的胳膊上。”

☆ 如果你了解事情的原委，就要明确指出：“爸爸不让你做那件事，你感到非常生气。”如果你不了解内情，只需说你看到的情况：“你心情非常糟糕。”

☆ 创造安全感。你希望孩子利用泪水冲淡情绪，就像用水清洗伤口一样。在孩子情绪波动时，不要讲太多的话，否则孩子的注意力会从情绪转向理智，让他止住泪水。你只需偶尔表达安慰，让他感到安全：“我就在这里，你是安全的。”你一定不要试图对他进行分析、评判，或者让他安静下来。事实上，如果你希望让他感受内心的伤害，只需以同情的方式提醒他注意导致焦虑的原因："你真的非常希望……我很遗憾。"

☆ 如果孩子对你吼叫，让你离开。你应该说："我会后退一点儿，就站在这里。但是，我不会让你独自一人面对这些严重和可怕的情绪。我就站在这里，你是安全的。"有你在身边，孩子的安全感就会增强。同时，他不安的情绪也会加速释放，所以他可能试图离开你，以便阻止这些情绪的出现。虽然他叫你离开，并不意味着他不需要你。镇定下来之后，孩子们通常会说，他们并不真的希望我们离开。

☆ 当孩子发怒时，不要过分在意他的粗鲁举动，不要将其视为是针对你的，更不要一时冲动试图惩罚他。现在并不是纠正他不当行为的时刻。他的情绪并不是针对你的，即使他可能对你大声吼叫："我恨你！"当儿子对你说："你永远不会懂"，要将这句话当成一种信号——目前，他感觉自己没有得到理解——但是，并非是针对你的。如果他喊道："我恨你！"你可以这样回答："我听到了你的愤怒，以及你现在的愤恨。但是，无论你多么愤怒，我都是爱你的。无论发生什么，我都是爱你的。"

☆ 请牢记，你的孩子可能重新回想起了某个恐惧或痛苦的经历。当孩子试图清除内心压抑的恐惧时，他的身体需要移动，就像不快经历刚刚发生时，他试图以此保护自己一样。这既适用重大创伤，例如，有人将他按住为他进行医学治疗；也可能适用较小创伤，例如，爸爸妈妈的争吵。彼得·莱文（Peter Levine）在自己的著作《无言的声音》（*An Unspoken Voice*）中将这种现象称为"自然治愈过程……身体释放创伤并恢复健康”。因此，如果孩子看上去在拼命保护自己，那是因为他重新回想起了最初的“战斗或逃避”经历。他移动双腿是为了逃跑，或者做出挣扎的举动，是为了抵抗接受治疗时将他按住的双手。如果你看到他在冒汗、发冷、突然要撒尿或者呕吐，说明他的身体在释放压力。许多孩子都喜欢推开我们的双手。有时，我们需要从背后抱住他，以免被他击打。但是，他也有可能努力弯背，用脑袋向后撞。当然，你不能让他伤害你。如有必要，你可以离他远一点儿，确保自己安全。要利用安慰的话语，保持与他进行情感交流：“你是安全的。你可以表达自己的情绪。什么都不能伤害你。我就在你身边。”

☆ **坚持深呼吸，保持镇定。**当孩子回想昔日的恐惧时，这一过程可能需要持续一个小时，或者更多一点儿——这取决于恐惧对他的影响。你给他带来了一个巨大的礼物。请牢记，当孩子情绪激动时，这正是你的孩子希望获得的帮助。一旦这些恐惧被清除，负面感受就会消失，你和你的孩子就会从中获得解放，一起共同奔向美好的生活。

☆ **承认他的痛苦。**有时，当孩子完成这一情绪经历后，他会抬起头来看你，主动转换话题。这很好！他在暗示，现在他已经没事了。不要担心，如果他还需要释放，还有机会。你可以说：“宝贝，你经历了一段十分艰难的时光”。然后，顺着他的引导，进入另外一个话题。通常，在表达自己的恐惧后，孩子会扑进你的怀里哭泣。在你的怀抱里哭泣，他就有机会释放内心深处的哀伤，并开始治愈。让他尽情哭泣。如果他停下来，与他进行目光交流。如果他能注视你的眼睛，说明他进行了充分释放。如果他不能，你可以说，“宝贝，对不起，我没能以正确的方式切割三明治”，以此提醒他注意让他伤心的事情，促使他进一步释放内心的情绪。

☆ **然后，告诉孩子你爱他。**尽管进行了情绪宣泄，但孩子还是需要你告诉他，你仍然爱他。一旦暴风骤雨结束，他便释放了过去极力压抑的情绪，所以会变得更加灵活。他可能会入睡，或者和你度过一个奇妙的夜晚。他会感觉与你更加亲密，因为你帮助他成功经历了一次内心的重大洗礼。

☆ **帮助孩子理解自己的经历。**这一过程并不是“经验教训”，因为孩子早已知道可能出现何种行为，他只是无法控制那些强烈的情绪。你的目标是，帮助他意识到，他受到了情绪束缚，但是这属于正常现象。语言的作用就是帮助我们理解情绪。最后，通过语言表达的理解能够让孩子相信，即使受到情绪束缚，他仍然是安全的，他可以管理自己强烈的情绪。“当我说‘不’时，你感到非常伤心……你非常愤怒，结果摔了杯子……然后，你哭了……这的确十分艰难……妈妈进行了倾听……一切都很正常……如果你希望表达自己的感受，我随时都会倾听……我非常爱你。”

☆ **等待教育时机。**虽然你的孩子相当脆弱，但是情绪波动之后并不适合讨论他的不当行为。如果你感觉必须对他进行教育，要等他镇定之后，再提醒他什么是恰当的行为，最好暗示他已经知道了行为规则：“杯子是用来做什么的？噢，是的，是用来喝水的！不应该摔杯子，对吗？让我为你倒一杯水。”如果孩子造成的损害更加严重，例如，从情绪上或身体上伤害了一个人，在讲述对受害者影响时，应该更加清晰严肃，但是时机仍然应该选在他镇定下来并产生“修补”愿望之后。

☆ 现在，他已经相信你会一直守护在他身边，所以几个星期之后，孩子很有可能还会发泄情绪。如果现在你没有时间处理他的发泄，告诉他：“我爱你，宝贝，但是我现在不能听你倾诉。吃过晚饭之后，我会听你彻底讲述。”一定要遵守诺言，在预订时间允许他发泄。你可能需要花一个月的时间进行此类“见证”，帮助孩子发泄淤积在内心并导致其不当行为的情绪。由于你已经消除了导致孩子不当行为的淤积情绪，随着时间的推移，你会发现他宣泄的次数不断减少，同时变得更加快乐，更愿意配合。

是的，你需要付出许多工作。但是，一旦你发现，你无需解决任何问题，这一过程就会变得容易。需要注意的是，你需要提供安全和联结。你的孩子已经度过了释放情绪这一难关，所以能够治愈，轻装前进。每次你都必须泰然处之，甚至需要借助某些语录帮助自己保持镇定。这种做法几乎肯定会让你回想起童年的重大感受，所以你需要找一位成年人，向他倾诉或哭诉。但是，这一行动必须要在你和孩子的关系更加密切之后进行。为此，你的每一滴汗水和泪水都是值得的。慢慢地，你的孩子会懂得，虽然他不能永远获得自己想要的东西，但他总能获得更好的结果——爱他并无所保留地接受他的父母，包括对他可怕部分的接受。然后，他会培养内在能力，承受失望和其他负面情绪。这也是稳定的内在快乐的开始——或者说坚韧品质的开始。

当孩子宣泄但不哭泣时：建设安全感

劳拉博士……我儿子比一只大鼓还要封闭，任何事情都可能让他发狂。我知道，这背后肯定有泪水，尤其他刚刚有了一个小妹妹。但是，他不会哭泣，只是狂怒。他乱扔东西，殴打小狗。我怎样才能帮助他呢？

——尼科尔，2 岁男孩的母亲

有时，当孩子宣泄情绪时，如果你对他热情拥抱，他就会流下泪水，伤心啜泣，一天之中都会与你配合，心情愉快。但是，更多时候，长期积压情绪的爆发会让孩子极度恐惧。此外，一天之中，他会被一个个先后出现的愤怒事件所包围。你如何才能突破他的愤怒，释放深层的泪水和恐惧？当他实施“不当行为”时，你应该通过游戏促进他的安全感。下面是具体做法：

☆ **看到儿子正在殴打小狗时，你应该以玩笑方式干预。**抓住他，态度温和地说：“你在干什么？打小狗？……是的，是的，我们可以生气，但是不能打小狗！”将他带到沙发旁边，和他打闹一会儿（亲吻他的身体，或者抱着他抛几下）。或者，和他在房间内跑几圈。在此期间，嘴里不停地哼唱道：“我们生气，我们生气，但是我们不能伤害小狗！”当你将他放下，孩子极有可能注意到你温暖的关爱，这正是他需要的——与你重新沟通联系。你向他释放了足够的关爱，一定程度上消除了他的负面情绪。

☆ **如果可能，与孩子一起游戏。**但是，有时他的情绪过于强烈，甚至你的关爱都不能将其融溶化。他也有可能将你的嬉戏视为“许可”，一种挑战，或者你的真正用意——以愉悦的方式承认他的情绪。这种情况下，他会马上掉头向小狗走去。这很好！你的目标是帮助他建立足够的安全感，向你展示自己的感受。嬉戏可以消除心理紧张。一旦他向小狗走去，你就要将他抓住，再次带着他在房间内跑动，并哼唱相同内容。几个回合之后，你的儿子可能完全放松下来，依偎在你身边。真的如此，那就太好了。他不停地开心欢笑，并与你建立了深厚的联结。

☆ **不得已时，要允许他哭泣。**否则，你会发现，你的儿子会变得有点儿疯狂。也就是说，他的情绪达到了一种狂热程度。或者，你已经付出了足够努力。现在，你应该深吸一口气，收起嬉戏的面容，代之以某种同情。事实上，这就像设定另外一种同理心的极限。不过，你首先要与孩子做游戏，让他的安全感得到强化。之后，你为他设定限制，同时支持他成功面对失控的情绪。

☆ **设定共情极限。**停止游戏之后，将他放在地毯或沙发上，并在他身边坐下。然后，注视他的眼睛，以同情而又严肃的口吻对他说："好的，宝贝，我们不再玩了……我不能让你伤害狗狗。"几乎可以肯定的是，你已经帮助他建立了足够的安全感，此时他会哭起来。然后，你可以按前面讲述的"行动指南"，向他提供心理支持。

好消息在于，你无须采取任何行动，就能让孩子"感受"他的情绪。你只需给他以热情拥抱，疼爱他，包括他混乱和负面的情绪。在你无尽的关爱下，你的儿子会敞开心扉，接受心理治疗。

与孩子嬉戏：情商游戏

所有幼小的哺乳动物都会玩耍，这是它们学习成年所需技巧的方式，包括寻找食物和与同伴相处。同样，通过游戏，小孩可以探索、学习和处理自身情绪。我们应该将游戏视为儿童需要从事的工作，通过这种方式培养他们的大脑，帮助他们健康成长。此外，儿童比成人更关注自己的"内在世界"。当他们的情感封闭以后，他们的身体就需要释放所有能量。他们比成年人拥有更多精力，这是其中的一个原因。

许多父母告诉我，他们太累，也太忙，根本没有精力和孩子一起玩耍。这一点在妈妈身上特别明显。她们将太多精力放在了孩子的日常生活上，认为玩耍十分麻烦。但是，如果我告诉你，与孩子一起进行体力游戏，是建立联结和帮助孩子处理自身情绪的最佳方式，你会怎么想？

儿童通过游戏可以解决情绪问题，恢复心理平衡。慢慢地，他们可以扮演医生，交换角色，给泰迪熊打针。至少，在他们的想象中，他们会成为强者。在日常生活中，他们非常渺小，需要依附他人，在许多事情上无能为力。通过游戏，他们可以释放内心淤积的不良感受。欢笑能够释放他们体内聚集的压力，与躺在妈妈怀抱中大哭效果一样。与父母游戏可以刺激儿童的内啡肽和催生素，这些荷尔蒙让他们获得更加舒服的感觉。所以，进行体力游戏，可以让孩子更加快乐，增强他们与父母的联结[11]。因此，游戏是强化亲子关系的最佳手段之一。

可喜的是，这些游戏不会持续太长时间——甚至可能只有两三分钟。不论你是否相信，大多数父母都发现，游戏具有振奋精神的作用。这是因为我们内心的压力和苦恼让我们感到疲惫不堪。当我们游戏时，和孩子一样，我们也会释放压力荷尔蒙，让我们重新充满活力。和孩子一样，体力游戏还能释放我们体内的内啡肽和催生素，所以我们会感到更加快乐，亲子关系更加密切。

因此，当孩子要求与你一起做游戏时，要与他进行交易。当然，你可以扮演芭比娃娃，或者在几分钟之内为他建造一条火车道。但是，首先他们要同意按你设计的游戏玩几分钟。你可以参考下面的一些建议：

☆ **摔跤、枕头战，或者让孩子尝试将你推倒。**所有孩子都需要通过一种安全方式，表达对父母的愤怒。当然，你应该让孩子获胜，除非他要求你更加用力。

☆ **追逐。**学步期儿童特别希望从我们身边跑开，同时又要求我们每次都能抓住他们。在家里玩这种游戏，不要选择公园。在后面追他，抓住他，然后让他再次奔跑。或者，假装抓不到他。像躲猫猫一样，这既是一种体力游戏，又是一种分离游戏。

☆ **扮演笨手笨脚的大怪物**。这种追逐游戏增加了恐惧和支配因素，适用所有年龄段的儿童。在追逐过程中，你要显得气势汹汹，大摇大摆，高声吼叫，表示你更厉害。要把握恐怖力度，通过跌跌撞撞的表演，促使孩子发笑，并设法让他在智力和体力上战胜你。大多数时间，孩子都会感受自己的渺小无助，所以我们需要为他们提供机会，让他们感觉比父母更强大、更快速、更聪明。（“你跑不掉！嘿，往哪里跑？你太快了！”）对于胆怯的孩子，应该更换角色：“我是大怪物，我来抓你……噢，没抓到……嘿，你往哪里跑？哎呀！你吓坏我了！”

☆ **再见游戏**。世界各地的儿童都玩分离游戏，对于孩子来说，丢掉父母是一件极为可怕的事情。“我们来玩再见游戏吧……我要到门外去。如果你想我，高声喊出你想到的任何最愚蠢的词汇，我就会回来。”然后，躲进壁橱或卫生间，但是不要让孩子找不到你。在你穿过门之前，要重新跳回来，大喊“犀牛”，或者任何让孩子哈哈大笑的词汇。接着，拥抱他，亲吻他，“我也想你，我不能离开……我们再玩一次吧！”夸张你对分离的忧虑，让孩子哈哈大笑。然后，非常缓慢地增加躲避的时间长度。最后，开始玩捉迷藏游戏。

☆ **“我需要你”游戏**。对于分离问题，当孩子黏住你不放，或者你又有了一个小宝贝，而他怀疑你是否还爱他时，要与他保持亲密，要表现得相当夸张。“我知道，你希望让我走开，这样你才能更好地玩耍。但是，我需要你！我只想和你在一起。请现在和我在一起好吗？”要一直抓住他的手，或者抓住他的衣服。他会喜欢这种感觉，他决定着是否与你分离，而不是觉得被你推开。如果你表演得足够好，他还会咯咯地笑，释放分离的部分压力。

当他明确将你推开时，你要说："好吧，我知道你会回来。我们永远都会在一起。"

☆ **修正游戏。**我之所以将其称为修正游戏，是因为它可以让孩子相信，我们非常爱他，纠正他内心的错误认识。让孩子在前面跌跌撞撞地跑，你在后面煞有介事地追赶。抓住他之后，热烈地拥抱他，亲吻他。然后，让他再次挣脱，多次重复这一过程。"我要我的小宝宝拥抱我……你跑不掉……我一定要拥抱你，吻遍你的全身……噢，不，你又跑掉了……我一定要追上你……我一定要亲吻你，拥抱你……你跑得太快了……我永远不会放弃……我非常爱你……我抓住你了……现在，我来亲吻你的脚趾……噢，不，你力气真大……但是，我一定要拥抱我的小宝贝……我来了……"父母两人可以同时与孩子一起玩这个游戏，并"争着"首先拥抱心爱的小宝贝。这个游戏可以彻底消除孩子被漠视的感觉（任何"行为不端"的孩子，都有这种感觉）。

☆ **"你是不是又想被拥抱了？"**当孩子在捣乱或者不听话时，可以使用这种方法。"你是不是又想被拥抱了？来吧！"抓住他，给他长时间的拥抱，时间要尽可能地长。在他扭动之前，不要放松你的手臂。而且，不要马上让他离开。再用一点儿力，"我喜欢拥抱你！我永远不会让你离开。向我发誓，一会儿还让我拥抱，好吗？"然后，松开手，向他深情地微笑："谢谢你！我需要你的拥抱！"

☆ **当你的孩子感到恐惧时，让他惊吓你，并假装吓坏了。**看到你的表现，他会咯咯地笑起来，同时释放内心的恐惧。或者，让他在你的背上骑大马，动作稍微夸张一点儿，让他担心摔下来。这样，既让他开心大笑，又不是尖叫两声。任何游戏，如果既能让孩子感到恐惧，又能让他身体不停摇摆，都能促使他们通过笑声释放内心的恐惧，面对真实生活时也会更加勇敢。

☆ **如果孩子不愿使用便盆。**你可以编唱有关便盆的歌曲，在脑袋上放一块尿布，假装已经憋不住，但是又不敢使用马桶，只是在它周围乱蹦。对于你的表演，孩子笑得越开心，他使用便盆的可能性也就越大。

☆ **孩子不断小声嘀咕。**小声嘀咕是软弱无力的表现。如果你拒绝“倾听”，等他像“大孩子”那样讲话，只能让他们更加缺乏自信。但是，你也不想无原则地“让步”，答应他们的要求，以此鼓励他们的嘀咕。这里的许多游戏灵感源自劳伦斯·科恩（Lawrence Cohen）的著作《游戏育儿》（*Playful Parenting*）[12]，这本书也是我向父母们推荐最多的。科恩建议，你应该展示对孩子的信心，相信他们可以利用“强有力的”声音讲话，并通过游戏方式帮助他们。“嘿，你有力的声音哪里去了？它刚才不是还在吗？我喜欢听你强有力的声音，我愿意帮助你找到它。帮我看一看，是不是在椅子下面？不在……是在玩具盒子里吗？没有……嘿！你找到它了！这不就是你有力的声音吗？是的！我喜欢你有力的声音！现在，用你有力的声音，再向我讲一遍你的要求。”

☆ **你和你的孩子似乎针对许多问题存在权力之争。**所有孩子都需要有机会感受自己的力量，并以拒绝父母的命令予以尝试。你最好将这种现象看成一种游戏，不要大惊小怪。“我敢打赌，你推不动我”，或者“噢，不，不要这样做！”（无论你选择何种方法，都不要离开沙发！“噢，不，我想亲你20次！好了，现在该你发号施令了。”）

☆ 你的孩子过于激动或过于兴奋。“现在，你体内充满了太多能量。你是否想活动一下？到我这里来，在这里玩更安全，我会保护你。”寻找一个安全的地方，不要有其他孩子或父母，以免对他构成进一步刺激。然后，允许他旋转，上下跳动，以你为中心奔跑，或者他选择的其他玩法。当他因为劳累摔倒之后，将他抱起来，“这种玩法非常有趣。不过，有时你会过于兴奋，需要一点儿帮助，确保你镇定下来。现在，我们做三次深呼吸，一起放松一下。从鼻子吸气，从嘴巴呼气。一……二……三……很好！你是否感觉平静了一点儿？知道如何放松是一件好事。现在，我们坐在一起，读一会儿书。”

☆ 孩子经常打斗。当孩子火气消退以后，“你们两个现在打斗一下如何？”当两个孩子开始打斗以后，假装像一个电视评论员一样在旁边解说：“今天晚上出场比赛的是姐妹两人，她们似乎不能友好相处。请与我们一起观看她们的现场比赛！请看，姐姐非常蛮横，妹妹也不甘示弱。两个小女孩想争夺一根香肠！她们是否知道，冰箱里还有更多香肠？请大家继续欣赏……”此时，孩子们会咯咯地笑起来，释放紧张情绪，开始意识到她们的行为多么可笑。

☆ 帮助孩子面对挑战，例如，开始上学、操场活动或身体疾患。使用一个填充玩具小动物扮演父母，让另外一个小动物扮演孩子，模仿孩子面临的挑战。利用小动物表演，可以稍稍远离现实，让孩子舒服一些。不过，也有孩子希望自己表演（而不是利用填充小动物或者其他玩具）。“现在，我们假设就在沙箱中。我想要你的卡车，但是你不想给我。”“让我们假设，你是老师，我是学生。”或者，“让我们假设，你是医生，我是病人。”利用这些给孩子带来众多压力的情景做游戏，可以让他们感觉有能力控制自己的情绪，使他们成为主动方，而不是现实中被动无助或感到羞耻的小孩子。

其他资源：解决兄弟冲突的话术

兄弟关系问题已经超出了本书的讨论范围，但是在 Aha! Parenting 网站，你可以找到大量资料，帮助你培养兄弟之间的和谐关系。下面提供的脚本可以帮助你解决兄弟之间的冲突，培养他们的情商。如果你阅读的是本书的电子版，只需点击电子阅读器上的脚本即可。

年幼兄弟的情商培养

如果学前班孩子殴打年幼兄弟时……

www.ahaparenting.com/parenting-tools/family-life/child-hits-baby

教育年长孩子解决冲突

“他先打我的！”

www.ahaparenting.com/parenting-tools/family-life/siblings_fight

4 教育有表现欲的孩子：不敢训诫

我儿子现在4岁了。他很有控制欲，非常任性。但是，我发现，一旦我放弃奖励和惩罚方法，采取你传授的新方式，冲突和争斗就会越来越少。我再也不用关禁闭等惩罚手段了。能够放弃原来的教育方式，我感到非常高兴。

——乔，两个孩子的母亲

你希望培养什么样的孩子？当我提出这个问题时，大多数人表示，他们希望培养快乐、有责任感、体贴他人、尊重他人、真诚、诚实的孩子。具有自律品质的孩子举止得当，无论你是否在他眼前。他能够独立思考，不会屈服于同伴的压力。

大多数父母非常想知道，到底什么训诫方式能够最有效地培养具有自律精神的孩子。毕竟，每个孩子都不一样。在这方面，父母获得了许多相互矛盾的建议。所以，他们难免感到无所适从。

所以，我不会简单地向你提出我的观点，告诉你如何培养自律儿童，促使他们积极配合。在本书的剩余部分，我将向大家讲述最新的育儿研究成果。幸运的是，这方面的成果非常丰富，本质也基本一致。那么，行动纲领到底是什么？对许多父母而言，这是一个难题，请务必按我的讲述实践。如果你希望自己的孩子积极配合、注重道德、具有自律精神，举止得体，甚至10多岁时都不会叛逆，你就要永远不对他进行惩罚。不要打屁股，不要关禁闭，不要大声吼叫，不要希望一切按自己计划好的方式进行。的确如此，什么惩罚手段都不要使用。“训诫”的真实意思是“指导”，而在现实中我们一提到“训诫”，人们就会联想到惩罚。惩罚会伤害你和孩子的关系，从而摧毁了他按照你的要求行动的唯一动力。本章将告诉你，惩罚为什么不能达到预期目的，以及为了养育一个让你感到骄傲的孩子，你为什么不能实施惩罚。

在本章，我们将利用我们的三大理念——自我调整，建立联结，引导而非控制——通过指导孩子的行为，避免无奈的内心挣扎。联结对培养儿童的正确行为习惯有什么影响？影响是全方面的。孩子能够放弃自己的愿望，做你希望他做的事情，唯一原因在于，他相信你，他不想让你失望。那么，父母的自我调整对教育孩子有什么影响？如果你发现自己在对孩子吼叫，然后又后悔不已，你便知道了答案。许多父母曾经使用我在本章讲述的工具成功消除了吼叫习惯，听到这些，你肯定非常高兴。你完全有可能，从现在回顾过去一年内的经历，你可能都记不得最后一次向孩子吼叫是什么时间了。引导而非控制，要求我们认真思考，如何引导而非训诫孩子。如果你最重要的目标是要孩子顺从，那么你完全可以利用恐惧和暴力强迫孩子就范。反过来，如果你希望自己的孩子，无论你是否在他面前，他都能行为得体，那么你就必须从长远考虑。因此，不要使用威胁和惩罚，长远考虑意味着要引导孩子正确的行为方式，强化你与孩子的联结。这样，孩子的愿望就会与你的期望同步，你也可以帮助他正确处理情绪问题，确保他正确行为的能力。下面，我们就来看一看，如何做到这一点。

训诫与惩罚肮脏的小秘密

现在，我已经完全不再给孩子关禁闭，甚至不再用后果威胁，因为我几乎无需对他实施“训诫”。K 比过去更容易纠正自己的行为了（现在，我们已经不再使用惩罚）——要知道，他是一个要求很多、高强度和非常任性的孩子。

——艾伦，两个 4 岁以下孩子的母亲

惩罚的定义是，以身体或心理伤害为目的的行动，以便让对方吸取教训。如果希望惩罚产生预期效果，孩子必须感受到惩罚的痛苦。所以，如果父母以“爱的惩罚”来教育孩子，他们永远不会将惩罚视为关爱。

惩罚肮脏的小秘密在于，它无法使孩子学会更加正确的行为。事实上，研究表明，惩罚造成的不良行为反而更多。这并不是坏孩子会得到更多惩罚，而是因为获得更多惩罚的孩子表现出的不良行为越来越多。[1] 惩罚只能让孩子吸取错误的教训。

☆ 惩罚代表暴力。让一个遭受父母掌掴或吼叫的孩子“扮演妈妈”，然后观察他如何训诫自己的布娃娃。

☆ 惩罚让孩子相信，他是个坏孩子。他拥有负面情绪，所以是个坏孩子；他行为不端，所以是个坏孩子；他让父母愤怒，所以是个坏孩子；当他遭受父母惩罚时愤愤不已，所以他是个坏孩子。不幸的是，许多研究表明，孩子会按我们的期望生活。换言之，如果儿童认为自己是坏孩子，就会表现出“不当”行为。

☆ 惩罚实际上阻止了孩子承担责任，因为惩罚创造了一个外部控制点——权威人物。当一个孩子受到惩罚时，他开始认为自己无法独立“行为”。他认为，“正确行为”不再是他的责任，而是权威人物的义务，对方有责任“塑造”他。

☆ 惩罚让孩子愤怒，他们会认为我们在故意伤害他们。所以，他们会拒绝承认我们倡导的行为存在任何价值。他们变得桀骜不驯、愤怒，具有更强攻击性，甚至更有可能实施不良行为。[2]

☆ 惩罚让孩子将精力更多地放在是否还会被抓住并再次接受惩罚上，而不是关注他们行为造成的不良影响。正如《无条件育儿》（*Unconditional Parenting*）作者阿尔菲·科恩（Alfie Kohn）所说的那样，惩罚阻碍了孩子的精神成长，“要让孩子认识到其行为对他自己的影响”[3]，而不是促使他对他人的影响承担责任。

☆ 惩罚损害孩子与父母的联结，而联结是他们主动遵守我们给出规则的唯一动力。

惩罚越痛苦，孩子便越深刻地体会到这些负面教训，他的行为受到的影响也就越大。即使关禁闭和父母强加给他们的后果，也会被孩子们视为痛苦的情绪惩罚。所以，它们与其他惩罚方式产生的效果是一样的，虽然比遭受身体惩罚的程度可能更低一些。[4]

当然，我并不提倡父母纵容孩子，或者无原则地满足他们的一切要求。孩子对这个世界还很陌生，他们需要父母的指导。事实上，如果他们不能获得父母的指导，就会感到不安全，从而对这种指导愈发渴望。这就是我们所说的，如果一个孩子行为不端，只是因为他在寻找行为的限制。虽然这种限制很重要，绝不意味着我们可以因此降低对孩子的慈爱和同情。我们不应通过惩罚强迫孩子遵守行为限制，而应设法引导他们接受我们的标准，并使之成为他们自己的行为准则。毕竟，只有孩子愿意学习时，我们的“训诫”才能发挥作用。

虽然训诫意味着“指导”，但是人们通常认为它包含体罚的成分，或者让孩子产生负面感受的同时获得指导。为了改变我们的思维方式，我们首先应该转变使用的语言。由于大多数人将“训诫”与严厉教育联系起来，所以让我们远离这一词汇。相反，我们应该向他们提供以爱为基础的指导。

如果孩子很小，很容易受到惊吓，与通过惩罚迫使他们就范相比，爱的指导效果要好得多。毫无疑问，爱的指导效果越好，回报也越大。它促使孩子采取更加得体的行为，让我们彻底跳出“训诫”的泥沼。

稍后，我们将针对不同年龄段，分析哪种指导方式最有助于培养自律儿童。不过，首先我们来消除你可能存在的误解——你可能认为，要培养优秀儿童，训诫或惩罚可能是必不可少的。

大多数父母表示，他们之所以惩罚孩子，只是希望他们行为正确。显然，这种想法并不正确。孩子以我们日常生活的行为作为学习榜样，包括，“谢谢你的礼物，苏姗姑妈”，“这条破路让我动弹不得”。如果孩子不知道什么是正确行为，教育需要循序渐进，不能依靠惩罚。

事实上，当我们实施惩罚时，我们认为孩子知道如何做才是正确的，但是他故意没有那样做。在指导孩子正确行为的同时，我们不可能指望惩罚给孩子带来足够不快，迫使他们按我们的要求行动。不幸的是，这种做法并不能阻止孩子不当行为的再次发生，否则我们也没有必要持续惩罚他们了。

惩罚对孩子不能奏效的原因是显而易见的。研究已经充分证明，惩罚并不能阻止激情犯罪。当人们被极其强烈的情绪驱使时，他们无法进行理智思考。6 岁以下的儿童理性大脑还不能完全控制他们的情绪大脑，所以当他们受强烈情绪控制时，便不会考虑他们可能遭受的惩罚。惩罚并不能消除导致他们“激情犯罪”的强烈需求或情绪，所以这种方法并没有触及根本因素，也就不能阻止不当行为的再次发生。相反，惩罚可能带来我们已经讨论的所有负面影响。

从这个理性角度来看，惩罚并不能达到预期目的。那么，我们为什么还要惩罚孩子呢？我们惩罚孩子的原因有以下几点：

☆ 威胁使用惩罚能暂时让孩子停止不当行为，前提是我们真的会实施威胁，并在需要时将威胁升级。

☆ 有些“专家”建议父母采取惩罚措施，但是这些人并不了解最新研究成果。

☆ 我们感到恐惧，我们感到无能为力。惩罚让我们觉得，我们采取了必要行动。

☆ 当我们处于战斗或逃跑模式时，局势看起来特别紧急，我们便将孩子视为敌人。

☆ 我们受到伤害，或者我们感到愤怒，于是我们需要发泄。

☆ 我们不知道其他更好的改善孩子行为的方法。惩罚可以减轻我们的挫折感，让我们感觉我们在解决问题。

☆ 我们接受了错误的观点，如果我们不强迫孩子“就范”，他们就不会听话，就会挑战我们的权威。

☆ 我们曾经接受过惩罚，我们也了解作为惩罚实施者和承受者的感觉。于是，我们认为，惩罚是父母指导孩子成长的方式。

☆ 我们曾经受过惩罚，由于我们生活中对我们造成情绪伤害的人对我们非常重要，我们无力控制，我们采取了压制和忍受。但是，被压制的情绪并没有消失，它们还会出现，让我们重新回放相应情景，只不过我们转换了角色而已。这就是为什么童年时期被打过的父母也会打自己孩子的原因。曾经受过惩罚的人会自然而然地采取惩罚方式，除非他们认真考虑被惩罚的感受。

因此，我们惩罚孩子是因为，我们过去接受的教育是，惩罚可以制止不良行为，而且我们也发现，惩罚能够收到立竿见影的效果。不过，我们也会出于发泄自身情绪惩罚孩子。事实上，我们认为，大多数情况下，惩罚孩子并不是为了规范他们的行为，因为除非我们不断升级处罚的力度，否则不会产生预期效果。相反，我们惩罚孩子的目的，是为了调整我们的情绪。我们惩罚孩子，只是为了逃避对自己的愤怒和恢复平静后承担责任。惩罚孩子可以让我们释放内心的挫折感和忧虑，改善我们的感受。

你是否认为，“但是，有时孩子的确需要纠正错误！惩罚并非完全为了释放我们自身的压力”？是的，这种认识绝对没有问题。但是，如果指导源自关爱，而非愤怒，其效果永远是最好的。当我们处于战斗或逃跑情绪状态时，孩子好像变成了我们的敌人，我们努力去击败他们，而不是理性指导。在心情平静状态下，每个父母都知道这一道理。

如果你现在有些紧张，我完全能够理解。如果我们认为，惩罚是培养儿童正确行为的唯一工具，一旦惩罚不能奏效，我们就会惊恐不安。那么，到底如何才能在不威胁使用惩罚的前提下促使孩子听从我们的指导呢？

成千上万像我一样的父母不必让孩子关禁闭或者使用其他惩罚手段，便能有效指导，使他们成长为优秀的青少年。听到这里，你肯定感到惊讶。这些孩子并不完美，与其他还在摸索和未成熟的孩子一样，他们也会犯错。但是，他们从来不需要威胁才会听从指导。为什么？因为这些孩子希望做出正确选择，这是我们多年引导的结果。如果父母率先垂范，告诉孩子什么是正确行为，所有孩子都会知道什么才是正确选择。这些孩子之所以选择正确行为，是因为他们与父母有着很深的联结，他们不希望让父母失望。由于他们已经学会了管理自己的情绪，他们会积极抵制那些可能导致他们偏离正轨的冲动。

引导孩子的目标，实际是帮助他们培养自律意识，即为自己的行为承担责任，包括适当修正和避免重犯，不论权威人物是否在场。这不正是我们实施惩罚，期望孩子领悟的教训吗？与惩罚和训诫相比，关爱式引导就能实现这一目标。下面是具体原因：

☆ 关爱式引导可以增强我们对孩子的影响。人们都不愿遭到控制。这具有积极作用，它允许我们对自己的行为负责。但是，如果我们以暴力方式指导孩子，他们同样会反抗。所以，我们指导的关爱程度越高，孩子们就会以更加开放的心态认识我们倡导的规则和习惯的智慧内涵，他们“拥有”这些规则和习惯的概率也就更高。

☆ 关爱式引导可以增强孩子的安全感。这样，他们可以将更多精力集中在学习等成长任务上。强权式教育让孩子处于紧张状态，担心不知何时又会受到惩罚（这可能是为什么遭到殴打的儿童智商较低的原因[5]）。相反，纵容型教育会让孩子认为不存在权威人物，同样也是不可取的。如果我们以换位和关爱方式设定行为限制，就可以帮助孩子获得安全感。

☆ 关爱式引导可以为孩子提供必要支持，帮助他们理解和调整自身情绪。所以，他们不会受深层情绪压力影响，而是以最优秀的方式表现自己。他们知道，行动是有限制的，但他们出现的各种情绪都可以被接受，因此行动被限制也就没什么难受了。这种良好的感受可以帮助我们所有人以美好愿望为出发点实现进步。

☆ 关爱式引导可以强化亲子关系。关爱式引导将我们关注的焦点从孩子的行为转移到了亲子关系上。他知道，他不可能满足自己的所有愿望，但是他可以获得更好的回报——可以接受他、他的纷繁情绪和所有方面的父母，而且父母还可以帮助他管理他的行为。

☆ 关爱式引导可以强化我们对孩子的理解。我们都知道，当孩子最不值得关爱时，正是他们最需要关爱的时候。他们的行为可能让我们生气，但是换位思考可以帮助我们越过烦躁心情，理解孩子行为背后的原因。最后，我们会发现，小家伙已经做出很大努力，值得同情。相反，惩罚要求我们冷酷面对孩子，当他最需要我们的时候，从感情上将他们遗弃。

☆ 关爱式引导有助于自尊培养。关爱式引导让我们远离“训诫”，育儿过程变得更有乐趣，我们也更喜爱自己的孩子。如果孩子发现他可以经常给你带来快乐，他的自信心和满足感就会增强。

☆ 关爱式引导可以创造更加温馨的家庭氛围，为孩子（还有父母）提供一个安全的避风港，释放在外面不良遭遇产生的压力。

你是否在想，怎样才能做到在不威胁使用惩罚的前提下，促使孩子更加配合？让我们根据不同成长阶段，分析如何超越训诫，正确教育孩子。

儿童成长指导

婴儿期（0–13 个月）：共情引导

坏消息是，婴儿无论看到什么东西都想要。好消息是，在 1 岁以内，婴儿的注意力很容易分散。针对婴儿，合适的“训诫”包括对他提供指导，为他的安全设定限制。“烫！火是热的！”以及对猫咪和亮晶晶易碎物品的保护。

此时的婴儿是否应该开始学习单词“不”的含义？当然应该，不过主要针对紧急情况。婴儿的任务是探索这个陌生的世界，这是婴儿学习和培养大脑智力的方式。他将碗橱的盘子都拿出来，拿到什么都往嘴里放。如果我们一直对他说“不”，他就不会再大胆思维。不过，这是否意味着，你可以允许他将手放进电灯插座呢？当然不。为了他的健康和安全，你必须设定限制。但是，这并不意味着，确保婴儿安全比试图在这个年龄段教孩子认识限制更可取。如果确保安全非常重要，例如，不让孩子碰火，你就不能冒险让孩子去体会你设定的限制，因为他的智力还不足以理解相应的危险。如果当时的安全问题并不是特别重要，那又何必自找麻烦呢？无论何种情况，我们的目的都是为了确保孩子安全，为他提供必要的监护，而不是惩罚他违反限制的行为。

越来越多的证据表明，婴儿时期的情绪为其成年后的性格倾向打下了基础。如果一个婴儿经常处于抑郁状态，他的大脑在神经学角度便更倾向于不快乐。如果一个婴儿心情波动，且没有获得及时帮助而进行调整，他的大脑就会进入某种状态，其焦虑的“基准面”相对较高，从镇定到忧虑的变化速度也很快。鉴于此，当我们设定限制时，必须最大可能地避免孩子出现挫折感。一个和蔼的成年人专门负责倾听他的声音，安慰他，帮助他“转换”状态，这具有十分重要的意义：“我知道，你想要那盏灯，但是它太热了。是的，你很生气……我听懂你的意思了……等你安静下来之后，我们去找小狗，然后和它玩。”

学步期（13–36 个月）：回避权力争斗

孩子 13 个月时，许多父母会陷入权力争斗的泥潭，此时的学步期儿童已经可以用语言表达自己的诉求了。这个年龄段的儿童常常让父母感到惊讶。让孩子拥有自己的意见，培养独立感是非常必要的。这是他在这一阶段的成长任务。

学步期儿童经常说“不”。事实上，这是我们教给他的。0–3 岁研究中心克莱尔 · 勒纳（Claire Lerner）引用的加州洛杉矶分校的一份研究表明，学步期儿童平均每 9 分钟就要听到一次“不”或与之类似的词汇。[6] 学步期儿童希望维护自己的意愿，这是他们正常发育的一部分。但是，他们几乎处处碰壁：“不，你不能拿沙发旁边的那支笔，把笔给我……不要跑……现在上车里去……不，你不能拿蜡烛……不，那东西太容易碎了……不，别打！”无论是合理要求，还是行为限制，几乎都包含“不”。但是，学步期儿童并不明白其中的道理。所以，大多数孩子会反抗，或者进行各种尝试。这种新出现的好斗性是婴儿对自身负责迈出的第一步。如果你现在不允许他对你说“不”，将来十几岁时，他将无法拒绝足球教练或同伴提出的不合理要求。在不影响安全、健康和他人权利的前提下，尽可能允许他说“不”。

你永远可以利用自己的体形优势，有时你也的确需要这样做。但是，每次你利用体力获胜，让他品尝“失败”滋味时，你都在强化他的敌对倾向。我们长话短说。我们要将自己视为孩子的向导，将他培养成一个出色和快乐的人，因为他还在学习人生规则，还不能理解我们做事方式的道理。如果你还记得，孩子的大脑还未发育成熟，他的大脑皮层还不足以控制纷繁复杂的情绪，这样你就能更加容易地从他的角度看待事物。同理心通过镇定情绪发挥作用，对这一年龄段的儿童也一样：“你哭了。你真的希望能拿到那个东西，但是它不适合小宝宝。”接下来，他会哭得更厉害（当我们感到被理解之后，情感的闸门就会打开，所有人都会哭泣）。但是，过一会儿，他就会忘掉，将注意力转移到其他地方。

那么，哪种“训诫”方式适合学步期儿童呢？共情限制！我们通过实例分析这一概念。

奥利维亚刚刚 2 岁，正在泼洒浴缸里的水。爸爸平静地告诉她，水应该放在浴缸里，让她停止目前的动作。但是，奥利维亚就是不听。爸爸应该怎么做呢？

我们应该以孩子的年龄和能力为基础，思考我们对她的要求。大多数 2 岁的孩子都不能遏制在浴缸里往外溅水的欲望。如果一个孩子与父母关系密切，但不听从父母的要求，说明她的需求和感受强于额皮质的控制作用（毕竟，孩子 2 岁时，额皮质才刚刚发育）。

对于 2 岁的孩子来说，其主要任务是探索陌生的世界，包括利用一切机会到处洒水。我们的任务则是保护她的安全，清理洒满水的卫生间地板。当然，在确保安全和不会严重影响生活的前提下，我们要允许她探索这个世界。（我们都知道，如果孩子不满，教育过程也会变得异常困难。）

所以，如果我们依赖的前提是，我们 2 岁的孩子并不坏，只是一个正在探索世界的小宝宝，他并不明白爸爸为什么对往卫生间地板溅满水如此关心，说明我们就是在以她的视角看待问题。这种换位思考将改变一切。我们甚至可以允许她到处洒水，至少今天可以。但是，我们可能已经非常劳累，还有太多衣服需要清洗。所以，我们无法容忍她将更多的水洒到地板上，于是我们决定设定限制。

在这个案例中，爸爸已经要求奥利维亚不要再洒水，但是她没有听。现在，我们可以尝试转移她洒水的愿望。以友好的神态面对她，将手放在她洒水的手上：“奥利维亚，水应该呆在浴缸里……你能不能轻轻拨动，就像这样？”然后，和她一起搅动。或许，她会像你一样做，不再往外泼洒。或许，这种做法无法奏效。此时，需要给出温和而清晰的警告，然后将她从浴缸中抱出来。如果在采取行动前我们给出太多警告，孩子就会认为，在你第三次或第四次警告前，可以不予理睬。相反，你应该温和地说：“你能不能不再往外泼水？否则，现在你就要从浴缸里出来。”

然后，要以同情方式设定限制。要温和地将她从浴缸中抱出来，并理解她的心情：“你很生气！你不想出来。你喜欢在浴缸里玩，你喜欢洒水。但是，你洒的水太多了，你不能让自己停下来。明天晚上，我们再试一试。现在，天气暖和了，你可以到游泳池中去洒水。”（这样，你便能满足她洒水的欲望。）

“但是，今天晚上你不能再洒水了。我知道，你很伤心，也很生气，你哭了。到这里来，宝贝。裹上这条温暖的浴巾坐一会儿。等你准备好以后，我们穿好衣服，然后一起读书。”

由于设定限制时，我们保持镇定与和善，孩子不会过于烦恼，不会争执或证明自己是正确的。我们将她从浴缸抱出来，她可能会生气，但是与我们发火相比，她的愤怒感要轻得多。事实上，她会感受到我们的关爱和理解，相信我们和她是站在一起的，尽管她并未实现自己洒水的愿望。这样，亲子关系可以深化，而不是遭到破坏。

由于我们没有误解她，她内心便没有形成她是个坏孩子的概念，无论洒水或从浴缸中被抱出来，她都不会形成这种认识。这很重要，当人们感觉自己是坏人时，他们就更有可能以坏人的方式行动。

由于我们没有把她的行为看成是针对我们自己的，在满足我们避免卫生间积水要求的同时，我们还理解了她的情绪需求。因此，她并不会认为自己做错了，或者对自己的感受感到恐惧。她只有伤心。伤心过后，她的心情就会好转，然后我们可以为她读故事。这样，有助于她情商的发育。

由于我们对她进行了安慰，她大脑中发送安慰作用生化物质的神经通道就会得到强化，她自我安慰的能力也会得到提高。

由于我们设定了限制，她就会意识到，她的行为会引发一定后果。通过将她从浴缸中抱出来，我们执行了这种洒水限制。但是，这种方式产生的后果与大多数父母采用惩罚的效果是不一样的。它只是一个明确的限制。因此，她能够以此自行学习，而不是在惩罚之下产生不良情绪。她认识到，她可以选择，并强化了这种理念。当然，她的大脑还不够完善，还不足以控制洒水的冲动。不过现在，她希望主动管理自己的洒水欲望，而不是试图与我们斗争，或者证明她可以战胜我们，验证我们设定的限制，并最终产生不良情绪。她走上了正确成长的道路。

学龄前（3–5 岁）：学习自我管理

当你的孩子 3 岁时，他看上去已经了解了规则（不要打小宝宝！）所以，如果你的学龄前孩子已经有了是非观，但故意违反，应该如何阻止他的这种行为呢？他之所以不能自行调整选择正确行为，原因如下：

☆ 他感到好奇。学前班儿童都是天生的科学家。如何将口红转出来，画在墙上像什么？洗碗布会不会从马桶冲下去？他并非故意做坏事，只是为了了解世界。他并不会意识到，将你的纳税申报表扔在浴缸中是一件多么紧急的事。

当人们感觉自己是坏人时，他们就更有可能以坏人的方式行动。

☆ **他很忙，并不理解你的日程表非常重要。**4 岁的孩子不会意识到，刷牙比寻找自己丢失的玩偶更重要。对于我们来说，重复是不可避免的：我们帮助他们创造积极的生活方式，无数次重复。我们教他们刷牙，挂好他们的衣服，收拾他们的玩具。这些只是为人父母的部分工作，就像洗衣服一样，是最容易被人认可的。要尝试以邀请方式表达你的要求："趴在我背上，骑着大马去洗澡，牛仔！"任何学龄前儿童都不会拒绝好玩的游戏，甚至包括他最不想去的浴缸或其他地方。

☆ **他感到与我们疏远，包括暂时和永久性疏远。**在抗拒恐惧、挫折，以及日常生活中累积起来的负面情绪时，所有年幼儿童都会感到与父母未能充分沟通。学龄前儿童内心经常"积累"恐惧和伤害，等待一个安全的机会感受和表达。当他们与我们分离独自上学时，回家后就会带回"满满一口袋"负面情绪。在学校时，他们必须表现得像"大孩子"一样，不能充分感受自己这些情绪。在他们有机会被倾听前，这些情绪一直试图寻找发泄渠道，驱使他们做出不当行为，使他们不再展示自己原本阳光的一面。这就是为什么一天结束与孩子再次团聚时，你最应做的是与他重新建立联结。特殊时光和快乐游戏可以帮助孩子释放一天之中积累的负面情绪，重新与你联结，调整他们的行为。父母的作用几乎相当于一个外部调整系统，为孩子提供一个安全的港湾，处理他们内心复杂的感受，使之避免出现不良行为。

☆ **他的大脑还在发育。**当他情绪波动时，他会试图自我安慰。所以，当他发脾气时，他还不能很快安静下来。他可能使用四音节词汇，但是不要被他的行为误导。与高级大脑功能相比，他焦虑的杏仁核还具有明显优势。（他是否更爱那个小宝贝？拿着这个，小宝贝！）必须牢记，他并不是一个坏孩子，他只是幼小而已。他的理智思维功能还未完全发育。

不过，与学步期儿童相比，学龄前儿童的自我控制能力明显提高。因此，这一时期是教育其基本行为规范的重要阶段。你可能已经想到，我们要调整自己的心态，保持镇定，与孩子维持密切联系，确保他们更容易接受我们的影响。通过引导而非控制方式，帮助孩子培养自我管理能力。

小学期（6–9岁）：培养积极习惯

孩子7岁时，他的大脑已经得到了一定程度的开发，并开始安下心来学习。现在，经过父母积极倾听和换位思考培养起来的大多数孩子，都能有效管理自己的情绪，避免乱发脾气。由于他们能够较好地管理自己的情绪，也能较好地管理自己的行为。

然而，这并不意味着6–9岁的孩子总能保持行为正确。即使做一些简单的事情，他们也需要不断提醒。他们是“输不起的人”。他们与兄弟争斗。他们担心与同伴的交往，把怨气撒在我们头上。一部分问题源自他们越来越复杂的社会交往。还有一部分，主要是兄弟之争，源自他们无法控制的强烈情绪。不过，父母与小学期儿童的大多数冲突源自不同的需求。我们将主要精力放在他们做作业、刷牙、做家务、遵守我们每天向他们发出的成百上千指令上；他们则更关心如何掌握足球技巧、交朋友或者他的兄弟是否获得了更多优惠待遇。因此，我们才会经常感到十分沮丧。

我们与学龄期儿童的众多冲突均可通过更加系统和更为投入的互动得以解决。指一指墙上的时间表，便可提醒6岁的儿子，他该刷牙了。然后，在他出门上学前，在他的背包里放上午餐盒。

每天放学回家为孩子提供点心，催促他做作业，使你7岁的孩子能够学会坐下来，思考如何解决一项不愉快的任务。每个星期六早晨与8岁的孩子一起收拾她的房间，并与她亲切交谈，可以让她养成良好的生活习惯。

如果你一直支持孩子注意人际关系裂痕，并设法修补，而不是被迫道歉，现在他或许已经可以自动维护自己的人际关系了。否则，必须马上利用3R修补法，即思考（Reflection）、修补（Repair）、责任（Responsibility）（请参考本章行动指南）。父母不要代替孩子设想事件后果，应该鼓励他们自己行动，让他们为自己所做的带来不良后果的行为承担责任。当他破坏某个物品后，应让他帮忙修好。当他损害某个人际关系时，他应该设法修复。但是，你应牢记，如果你想出修复方法，迫使孩子接受时，只能遭到他的拒绝。相反，我们要借此机会让他明白，每个人都会犯错误。但是，我们也可以采取行动，纠正错误。

通过共情设定限制：基础篇

严厉与宽容的平衡点

人类行为不可能区分得非常清晰，育儿风格也不例外。50年前，戴安娜·鲍姆林德（Diana Baumrind）领导的一个研究团队对家庭教育进行了深入观察，将大多数父母使用的育儿方式划分为四种类型。后来，这四种类型得到了进一步完善，至今一直被大多数儿童教育专家用来描述父母的育儿行为。你的育儿方式属于哪种类型？

1. **独裁型。**独裁型父母对孩子期望很高。研究表明，这是好事。在独裁型父母的管教下，孩子的考试分数很高，能够以负责任的态度管理自我，不惹事生非。问题在于，这种父母给予孩子的支持很少。他们要求孩子振作精神，努力向上，行为端正，要么听我的，要么走人。这种父母通常认为，他们以前就是接受的这种教育，并认为自己相当优秀。但是，研究表明，他们孩子在十几岁时，表现十分叛逆。这些孩子更容易屈服于来自同伴的压力，他们不习惯独立思考或者对自己的行为负责。此外，由于没有得到足够支持，他们经常在错误的地方寻求关爱。

2. 宽容型。大多数宽容型父母总是努力地试图避免自己父母采取的“严厉之爱”的教育方式。于是，他们走向了另外一个极端。这种父母给孩子提供了大量支持，这是这种教育方式的本质特征。但是，这种教育方式存在两个问题。其一，此类父母通常向孩子传递的信息是，失望、挫折和其他焦虑情绪必须不计代价地予以避免。他们的孩子很难认识到，他们完全可以面对痛苦，重新振作起来，这对培养坚韧不拔的性格十分重要。其二，宽容型父母总是避免为孩子设定限制和较高期望。有些父母认为，这是好事——他们不想干涉孩子的自然成长过程。另外一些父母则无法忍受孩子遭受痛苦，因为他们无法调整自己内心的忧虑。从来不需要“管理”自身情绪、适应限制、满足期望的孩子，在培养自律精神方面会遭遇困难。不要误解我的意思——对于尊重和理解来说，再多都不为过。但是，如果你纵容孩子对你和他人说一不二，怎么可能教育他正确处理人际关系？这种教育方式培养的孩子总是以自我为中心，性情焦躁，缺乏坚韧品格。

3. 放任型。一直以来，总有一些父母不为孩子提供必要的关爱和关心，原因可能是他们存在酗酒或自恋问题，或者只是为了做两份工作养家糊口。在我看来，如今这种教育方式越来越盛行。至少在某些国家，父母越来越早地将孩子送进托儿所。年龄稍长，我们又让他们与小伙伴终日玩耍，在孩子十几岁前，我们对他们几乎没有或者很少影响。有时，这种最不负责任的父母吸毒成瘾，或者抛弃家庭。此外，我还发现一些有爱心的“正常”家庭，父母过分关注自己的工作或社会生活，很少与孩子深入交流。这些父母经常在孩子身上大把花钱，但是关心很少。这会向孩子传递一个信息，他不值得爱。如果夫妻二人均不照顾孩子，联结的缺失会让孩子心情焦虑，养成吸毒或其他不良习惯。

4. **权威型**。这是鲍姆林德研究确认的最后一种育儿方式，可以培养出最佳调整能力的孩子。与独裁型风格相比，权威型父母为孩子提供大量支持与关爱，这一点与宽容型父母类似。但是，他们对孩子还抱有很高希望，这一点又与独裁型父母类似。当然，他们对孩子的期望必须与其年龄相符——他们不可能希望一个3岁的孩子可以独自整理自己的房间。但是，他们可能与3岁的孩子一起清理房间，而且不断这样做。所以，当孩子6岁时，他已经完全可以自己清理房间了。这些父母参与孩子的活动，甚至可能主动要求与他们一起做事。他们希望大家一起吃饭，一起讨论问题，直至孩子进入高中学习；他们期望孩子获得好分数，对自己的行为负责。但是，他们也全力支持孩子，帮助他们学习如何实现预期目标。更重要的是，这些父母不会像独裁型父母那样对孩子严格控制。他们会倾听孩子的意见，做出妥协，在可能的情况下，不对孩子实施控制。因此，他们的孩子与他们关系密切，孩子则经常将父母视为最值得信赖的人之一。这些孩子在学校通常表现突出，老师认为他们是有责任感、很讨人喜欢的好孩子，与他们在一起感到心情愉快。

由于权威（authoritative）与独裁（authoritarian）非常相近，而且许多父母常常将二者混为一谈，所以我一般将前者称为“共情限制”。

需要注意的是，这种教育方式并非只是在严格和宽容之间寻找某种快乐的平衡状态。实际上，鲍姆林德理念的价值在于，他将要求和同情这两种行为进行了整合。请专心听我讲述，在此你将发现许多育儿难题的正确答案。下面，我们具体分析要求和同情如何创造四种不同的育儿风格。

在下一页你将看到，宽容型父母的要求值较低，但是同情值较高。独裁型父母则相反：他们的要求值较高，同情值则较低。放任型父母的要求值和同情值都低。权威型父母利用同情限制教育孩子（对此，请不要惊讶），他们的要求值和同情值都高。

你能否理解这种情况在日常生活中的具体表现？例如，当8岁的孩子将一张糟糕的成绩单带回家时，父母如何反应？

教育风格

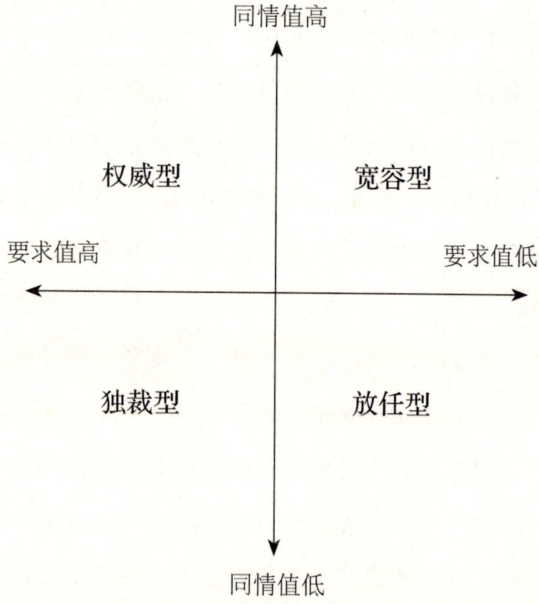

☆ 独裁型父母。对孩子大吼大叫，没有任何讨论，在下次成绩单出来前，一直严厉要求，最好这次成绩有所提高。然后，不再讨论这一问题。或许，父母会聘请一位指导教师，并视为一种惩罚。或者，取消孩子喜爱的某项活动，例如，不再允许他打篮球。孩子情绪低落而愤怒，不得不自己思考改进方法。

☆ 宽容型父母。富有同情地倾听孩子解释。赞同孩子提出的借口，认为这完全是老师的过错，恳求孩子努力，下次考好。父母可能告诉孩子，他们对孩子充满信心，甚至可能建议他努力学习。但是，他们并未提供任何实质性帮助。例如，如何改进，如何通过新方法获得必要的信息和技能。如果孩子表现出某种脆弱情绪，例如，担心学不好数学，组织能力不足，宽容型父母无法忍受这种忧虑。因此，他们告诉孩子，他有能力。于是，孩子只能独自面对内心的恐惧。

☆ 放任型父母。成绩卡是干什么的？

☆ 共情限制型父母。询问孩子，他是否对成绩单感到意外，他认为是什么导致了这种结果，他认为如何才能学会相应资料，提高学习成绩。与孩子制定学习计划，其中包含大量限制和高期望值，他必须将丢失的阵地夺回来。但是，这一过程并不像新兵训练营，由孩子独自面对。父母非常理解，对于孩子来说，这一过程十分艰难。而且，他也清楚，自己对孩子的学习成绩负有部分责任，在补救过程中扮演着重要角色。他向孩子提出经过审慎思考的期望，让孩子管理自己的焦虑，从自己挖的坑中自己爬出来。

你是否明白这一工作过程？利用共情限制的父母期望值与独裁型父母一样高，而且对于孩子来说，同样是强有力的领导者。但是，他们与孩子拥有更多的合作、理解、倾听和尊重，所以孩子不会过于戒备，更有可能担负起责任。宽容型父母与共情限制父母的区别在于，后者对孩子拥有很高的期望值，能够更好地调整自己的忧虑。因此，孩子在解决挑战的过程中获得了父母更多的支持。父母参与程度的差别应该十分明显，共情限制型父母是所有育儿风格中参与度最高的，这可能就是这些父母更加快乐的原因。

能不能打孩子?

我非常爱我的妈妈，但是我又对她心存恐惧。直到近两年前，在她弥留之际（我现在四十多岁），我仍然不敢向她讲述自己犯的错误或者“卷入麻烦”，尽管我非常爱她。我发誓，我的孩子都很尊敬我，但不会对我心存畏惧。我想，我的育儿方式取得了成功，这很大程度上要归功于你鼓励我们要毫无保留地关爱孩子，而不是以恐惧和忧虑为出发点对他们进行教育。

——艾琳，两个孩子的母亲

我曾听到无数成年人说，他们永远不会原谅父母以“为他们好”作为借口打他们。但是在美国，大部分父母仍然使用体罚的教育方式。2007年的统计资料表明，85% 的青少年承认曾被父母打过耳光或打过屁股。[7]

如果你的父母以体罚作为教育方式，你就会承认其合理性，慢慢认同他们的行为。你甚至会认为，对于“难以管教”的孩子，除了体罚别无选择。我经常听到有人说“我小时候也挨打，结果还不错”，或者“我小时候常常被打屁股，现在想来的确该打”。我们绝对不会相信，爱我们的父母会故意伤害我们。于是，我们感觉应该原谅父母的行为。但是，这种压制痛苦记忆的做法，只会让我们更可能打自己的孩子。如果你能深入思考，真正反思自己儿童时期遭受体罚的内心感受，你就永远不会让自己的孩子承受这种痛苦。而且，这种痛苦不会在童年时期消散，即使我们可以压制或否认，也不会消失。数百份研究资料共同的科学结论表明，童年时期遭受的体罚，会导致成年后的不良行为，即便这些成年人表示，童年时期的体罚并未对他们造成负面影响。还有一些案例表明，童年时期遭受殴打，很有可能导致成年后的抑郁症状。虽然大多数遭到殴打的孩子成年后“都很健康”，毋庸置疑的是，未受体罚的孩子将来会更加健康。我认为，在我们这个社会中，之所以有许多成年人患有焦虑症和抑郁症，就是因为我们在童年时期曾经遭受父母的伤害。

打屁股：研究资料

2002年，伊丽莎白·格肖夫博士（Dr. Elizabeth Gershoff）利用整合分析方法，对60年来的儿童体罚教育研究资料进行了分析。迄今为止，她的研究仍被认为是这一领域的最新成果。[8] 她的整合分析发现，体罚的唯一优点是孩子马上服从。换言之，遭到殴打的孩子可以马上停止冒犯行为。

然而，不幸的是，体罚并不能确保长期服从。从长远来看，殴打只能让孩子实施更多冒犯行为。更为糟糕的是，体罚还会导致另外9项不良后果，包括越来越频繁的攻击行为、犯罪、精神问题、亲子关系裂痕，而且一旦父母情绪失控，体罚还有可能升级为虐待。

2012年的一份报告分析了过去20年的研究结果，证明格肖夫的结论是正确的。该报告认为，遭受殴打的孩子大脑灰质较少，更有可能发生抑郁、焦虑、吸毒和攻击性等不良行为。[9] 众多研究资料表明，殴打会导致情商降低；相反，他们的愤怒、轻蔑、欺凌、兄弟冲突、成人精神健康和配偶虐待则会大幅增加。没有研究资料表明，棍棒下成长起来的孩子行为更加端正，或者精神与其他孩子一样健康。如果你曾听说，某些研究资料表明，殴打能够带来积极效果，上述结论肯定让你感到诧异。媒体总喜欢制造轰动效应，它们认为，人们的分歧越大，就越是好新闻。然而，任何一项科学可信的有关这一问题的研究（经过同行审查，满足出版的科学标准）都会发现，殴打只能伤害孩子的心灵，迫使他们的行为更加恶化。

吼叫是否属于新型体罚？

阅读本书的同时，你很有可能避免殴打孩子，希望借此获得更好的教育效果。但是，你是否会吼叫？大多数父母都会吼叫。我们认为，与孩子在一起时，吼叫就像流感一样无法避免。吼叫过后，我们常常感到懊悔，希望没有对孩子造成伤害。如果我们经常吼叫，我们又会给自己寻找理由：除了吼叫，我们怎么吸引孩子的注意？吼叫并不会伤害他……他很少听我讲话，他的眼睛总是心不在焉地乱转。

就像我们安慰自己的那样，尽管我们对孩子大声吼叫，他们仍然明白我们是爱他们的。但是，如果认为吼叫对孩子不会造成伤害就错了。

假设你的丈夫或妻子非常愤怒，对你大喊大叫。现在，我们再假设，他的体形是你的 3 倍，站在你面前就像一座大山。假设你需要完全依赖对方为你提供食物、住所、安全和保护。想象他们是你获得关爱、自信和认识世界的根本来源，除此之外，你别无依靠。现在，认真感受这些情绪，并将它们放大 1000 倍。当你对孩子大吼大叫时，他们的感受与你现在的感受是一样的。

如果孩子看起来并不畏惧你的愤怒，说明他见证了你太多的愤怒，养成了对愤怒和你的抗拒心理。你的愤怒越多，孩子的抗拒心理就越强，他就越有可能表现出冷漠。愤怒会让所有年龄段的孩子与我们疏远。几乎可以肯定的是，10 岁前他们对吼叫会形成一种“态度”，认为在他们的少年时期，吼叫会成为家常便饭。吼叫带来的不良后果是，孩子很有可能不愿取悦于你，他们更愿意接受同伴或更大范围文化因素的影响。

值得庆幸的是，吼叫并非不可避免。如果你改变自己的教育方式，你就会发现，孩子的行为也会随之转变，你吼叫的频率也会逐步降低。如果你积极利用我们的三大理念——自我调整、建立联结、引导而非控制——你就会发现自己越来越细心，并能以更加有益的方式与孩子互动，而不会情绪失控。你可以参考本书第一部分停止吼叫的计划内容。

将隔离转变为互动

对我来说，正确的育儿方式并非要“避免”或“阻止”情绪爆发；相反，我们应该帮助孩子正确理解他们的情绪，顺利度过情绪危机。对孩子来说，如果他知道自己可以宣泄情绪，在他感到迷茫时，我们站在他身旁，引导他度过难关，他会感到非常安慰和安全。

——艾琳，两个6岁以下孩子的母亲

与殴打相比，隔离看似是一种人道和理性的教育方式。隔离可以中断孩子的不当行为。隔离可以让大家有机会镇定下来。隔离属于非暴力行为（除非你不得不通过踢打和吼叫将他拖进自己的房间）。

事实上，隔离比殴打好，并不意味着这是一种最佳教育方式。你可能没有认真想过，当他坐在“淘气台阶”上时，可能正在考虑如何成为一个好孩子，是不是？和所有正常人一样，孩子也会感到羞耻和愤怒，可能在为自己的行为寻找正当理由。隔离并不能创造更好的行为方式。下面分析一下原因：

☆ 孩子需要我们的帮助，才能学会如何镇定下来。当然，如果你命令孩子坐在“淘气台阶”上或者将他关进自己的房间，他的确会最终镇定下来。但是，他得出的结论是，他只能独自面对极具挑战性的感受。

☆ 隔离让孩子感到很痛苦。任何孩子都会告诉你，隔离是惩罚，与你小时候被父母强迫站在房间中央的感受没有什么区别。和所有惩罚一样，隔离会让孩子认为自己是个淘气包。这意味着，他更有可能——而不是更不可能——再次淘气。

☆ **隔离导致肢体冲突，让你和你的权威与孩子形成对立。**孩子不想被隔离，所以你必须使用威胁，或者拖动他们，迫使孩子就范。只要父母身体比孩子魁梧，父母就会赢得这场冲突。但是，在这种角力过程中，没有真正的获胜方。我经常听某些父母说，他们已经没有办法将7岁的孩子拉进屋里关禁闭了，所以不知如何继续管教他们。

☆ **你让孩子产生了被遗弃的感觉，破坏了他对你的信任。**隔离是一种象征性拒绝。所以，只有让孩子产生被遗弃的恐惧时，隔离才会发挥作用。

☆ **隔离期间，**你必须硬起心肠面对孩子的痛苦，所以隔离会消磨你对孩子的同情心。然而，同情心是你与孩子关系的基础，这是他端正行为最重要的因素。

难怪采用隔离教育的父母会发现，他们不得不经常升级对孩子的惩罚行为！如果你正利用隔离处理孩子的情绪波动和失控，那么，你要改变方法采用互动方式。采用互动方式时，我们要将孩子的“不当”行为视为呼救信号。我们接近孩子与其联结，帮助孩子处理导致其行为的情绪和需求。

如何互动呢？当你意识到孩子处于非常危险的混乱状态时，你应建议和他进行互动交流。拉起焦躁不安的小宝贝，找一个舒适的地方坐下。和孩子依偎在一起。将谈心变成一场游戏，并尝试开心欢笑。但是，如果孩子继续释放焦躁不安的情绪，此时最能让他宣泄的方式是允许他哭泣，充分释放内心淤积的情绪。尽可能同情地设置必要的限制，“我不允许你扔那个杯子，宝贝”。当他开始流泪后，安慰他，靠近他。你会发现，痛哭一场之后，孩子的情绪会大为改善。（参见第三章，“利用情感引导克服愤怒”。）

你可能问，这种做法是否是以关心回报孩子的“不当行为”？当孩子感到饥饿而哭闹时，你就会给他食物，这种做法与给他食物没有太大区别。孩子需要通过与我们的联系面对生活，特别是不同时段的生活。如果你通过孩子的行为注意到，他需要与你进行沟通，振奋自己的情绪，你为什么要吝啬呢？当然，如果孩子要求某种享受或者希望爬到什么危险的地方，你就要坚持自己设定的限制。如果你已经对孩子的离谱行为表示了拒绝，绝对不能让步“回报”他的要求。你对孩子的关注并非回报，而是对他生活的引导。

的确，如果孩子的行为不当，你应该等他安静下来之后再和他讨论。“好好依偎了一会儿，现在心情好多了……你刚才心情非常糟糕，对不对？你摔了你的杯子……这很危险，杯子不是用来摔的……当你心情不好时，你可以说‘妈妈，我需要帮助’。然后，我就会帮助你。”要注意，不能斥责孩子。你要评论刚才发生的事情，描述另外一种替代行为——你需要率先垂范，这样你的孩子就会有很多机会学习。

如果你利用隔离方式避免自己心情更加糟糕，并殴打孩子，结果会怎么样？当你情绪失控时，要让自己暂时离开，这是一种很好的自我调整技巧，同时也为孩子树立自我管理的榜样。但是，你没有必要将孩子赶到另外一个地方，这会让他感觉自己是一个“坏孩子”。相反，你可以暂时休息一下。

后果的真相

将“后果”这个词彻底扔出你的词汇表，然后用解决问题将其取代。

——贝基，妈妈博客作家，两个男孩的母亲

自然结果是非常有效的导师。生硬词汇损害友谊，孩子在5岁和在15岁明白这个道理，意义不可同日而语。孩子应尽早明白，如果他不清楚在家应该学习哪些教科书准备考试，放学之后，他就无法正常学习。

根据上述分析，大多数育儿专家建议，当孩子“行为不当”时，最好的答复就是告诉他“后果”。让孩子感受错误选择的后果，可以让他们将来做出更好的选择。听起来很有道理，是不是？事实上，并不完全如此。如果后果是自然结果，父母没有人为地创造任何因素，这种方法便能起作用。原因如下。

父母利用后果威胁教育子女时，这些后果并非他们行为的自然结果（“今天我忘记吃午饭了，所以感到饥饿”）。相反，后果是儿童听父母咬着牙表达的威胁：“如果我必须把车停下，然后返回那里，就会出现相应后果！”换言之，后果只是惩罚的一个代名词。和所有威胁一样，当我们表达后果时，孩子就会处于戒备状态，他们学习所期望教益的自由度就会降低。即使我们没有创造后果，孩子仍然认为，我们有能力创造这种后果，只是我们没有这样选择罢了。因此，他很有可能得出结论，我们并没有和他站在一起，他也就不愿和我们合作。

我并不是说，你必须尽一切办法保护孩子，免受其选择自然后果的惩罚。所有人都必须汲取经验教训，如果孩子能在不受太多伤害的前提下汲取经验教训，生活就会成为非常出色的导师。但是，你必须保证，这些后果的确是“自然”结果，而且孩子也不会将后果视为威胁，避免产生惩罚的所有负面影响。此外，你必须确保孩子相信，你没有故意促成相应后果，并坚定地和他粘在一起，不会破坏你与孩子的关系。如果孩子忘了带午饭，要求你给他送去时，看看不同答复产生的后果：

☆ 答复A：“当然，我会把午饭给你送去学校，宝贝。我不想让你挨饿。但是，明天可要记住啊。”明天，孩子可能记住带午饭，也可能记不住。如果你能轻易做到，给孩子送一两次午饭并没有伤害。像带午饭这样的事情，每个人都有可能忘记，这并不能说明你的孩子对生活不负责任。但是，这表明，你需要帮助孩子培养自我管理策略。

☆ 答复B:“我肯定不会放下手里的一切，专门给你去送饭。我希望这件事给你一个教训。”此后，孩子可能会记住带午饭。但是，他会认为，妈妈并不关心他。回到家中，他也不会与你配合。需要注意的是，虽然这是一种“自然后果”，父母的态度将事件转变为了一种惩罚。

☆ 答复C:“好的，我会把午饭送去，但是这绝对是最后一次。如果不给你点教训，你不会记住，不要指望我每次放下手里的工作去帮你。”孩子可能不会记住带午饭，但是他肯定可以记住，他是健忘之人，让父母十分恼火。将来，他会故意忘掉午饭，期望父母给他送来，以此表示自己的确健忘，刺激父母。

☆ 答复D:“你忘记了午餐我感到非常遗憾，宝贝。但是，今天我给你送去并不能解决问题。我希望你不会挨饿。我会给你做好饭，等你回家享用。”这样，孩子记住携带午饭，同时又能感觉到你的关爱，他的自尊也不会受到损害。

这是否意味着，你永远不会向孩子伸出援手，帮助他从日常生活中汲取经验教训？当然不是。如果你平时经常和孩子讨论他的日常生活，你会发现许多提问机会，鼓励他思考和学习。你需要牢记的是，将重点放在解决问题上，而不是一味责备。

如果你希望孩子改正错误，例如，当他伤害了弟弟时，你应该怎么办？在这种情况下，自然后果是，他伤害了兄弟关系。如果你能设法让他镇定下来，帮助他解决攻击弟弟的情绪问题，即使弟弟的确有时让他特别生气，他也会更容易承认自己不该使用粗暴言语，以及他爱弟弟的事实。如果你的家庭养成了良好习惯，鼓励孩子表达内心感受，积极改正错误，如果你率先垂范教给他如何修补错误，他就会像你一样去做。你最好在家里制定一条原则，当大家相互伤害之后，应该积极修补错误。但是，一定不要试图强迫孩子道歉，否则他会感到难以接受。你希望孩子能够积极修补与弟弟的关系，而不是对你的管教心生怨恨，迫使他接受斥责。[参见本章行动指南“促使孩子通过 3R 纠正错误：思考（Reflection）、修补（Repair）和责任（Responsibility）”]。

积极教育是否适用顽劣儿童?

> 事实上，这些孩子会迫使我们成为更加优秀的家长。我们必须掌握更多正确的教育方法，满足他们的需要。如果我们奋力坚持，不断尝试，他们就会让我们不断进步。
>
> ——耐心，一个具有特殊需求的儿子的母亲

如果你在阅读本书时想到，“这些想法对其他孩子有用，但是不适用我的孩子，作者并不了解我的孩子多么难以管教”，我希望直接分析一下你的情况。或许，你的孩子意志非常顽强；或许，他在控制自身冲动时遭到了挑战。通过与父母交谈，我了解到，许多孩子的确很有挑战性，很难教育，父母必须格外耐心才能正确引导。我在本章描述的依赖积极策略而非惩罚的教育方式，的确很难在这些孩子身上实施。

但是，这并不意味着，我讲述的所有方法都不适用这些孩子。事实上，与普通孩子相比，这些“典型”系列方法更适用你的孩子。典型孩子的父母可以使用任何合理连贯和富于爱心的教育方式，并可对他们的孩子产生不同程度的积极效果。但是，对于具有挑战性的孩子，教育方式显得尤为重要。独裁教育并不是适用所有孩子的最佳方式，还会促使意志坚定的孩子采取冒险行动，甚至远离你的生活。如果你的孩子性格顽劣，唯一有效的教育方式是建立联结、共情、帮助他们处理情绪问题，这也是本书的中心所在。

行动指南

如果孩子从一出生就一直感觉可以安全地表达自己的情绪，感觉父母一直站在自己一边，这样的孩子是不完美的。他们更容易教育，更容易管理自己的情绪以及自身行为。他们更愿意接受我们的指导。

但是，如果你的教育方式从惩罚转变为关爱式引导，结果又怎么样？特别是，如果你的孩子没有明显转变，没有如你希望的那样成为一名小天使，你该怎么办？

问题的答案在于，你在学习情绪调整，你的孩子也在进行同样的尝试。你在学习保持镇定，平静处理内心的纷繁情绪。孩子的背囊中可能塞满了泪水和恐惧，现在他感到更加安全，所有负面情绪逐一显现，等待治愈。

与任何转变一样，改变教育方式需要经过一段调整期。在此期间，你和孩子的关系进一步深化，双方愿意积极配合。较为难以处理的是调整你自己的感受，确保你保持镇定，鼓励孩子表达自己的情绪。幸运的是，你很快就会看到孩子的积极变化，你也会拥有继续前进的动力。不要为改变你的孩子感到忧虑。如果你改变自己的做事方式，你的孩子就会随之变化。请利用这些行动指南作为简明参考。

如何设定共情限制？

> 我们从你那里最早学到的一个经验是，如何设定共情限制，并在儿子哭泣时拥抱他（有时，他甚至会高声尖叫，四肢乱舞）。我记得，我们第一次这样做时，他便发生了明显变化。那天早晨5点，他再次走进我们的房间。我说，“现在还是睡觉时间，让我把你送回床上去吧”。突然之间，他大哭大叫起来。我和丈夫搂着他，告诉他我们爱他，他可以尽情发泄。他哭闹了将近30分钟，这是我们见到的他最为伤心的经历。最后，他依偎在爸爸身旁，我们紧紧抱着他疲惫不堪

的小小身躯。那一天，他好像变成了另外一个孩子。他变得很讨人喜欢，也更愿意与我们配合。

——凯西，两个孩子的母亲

设定限制是父母教育孩子的一个核心部分。限制可以确保孩子安全、健康，帮助他们学习社会行为规范，使他们在社会上快乐地生活。如果我们以同情方式设定限制，孩子也更有可能培养自我设定限制的能力，也就是我们通常所说的自律能力。

那么，你如何设定限制呢？

☆ **尽管你从未提高嗓门，提出威胁，或者实施惩罚，当你对他有所要求时，你的孩子是否会马上表示服从？**如果这样，你应该表示感谢，并请你给我写信，讲述你的育儿秘诀。

☆ **在你多次提醒、讨价还价以及偶尔发脾气以后，你的孩子是否经常最终服从你的要求？**如果这样，说明你的家庭完全属于正常状态。经过一定训练，改进你的育儿技巧，你发火的次数就会进一步减少。

☆ **你的孩子是否漠视你的每一个要求，让你频频大呼小叫？**这说明，你和孩子之间存在沟通问题，不属于设定限制的范畴。你应该设法修补你与孩子的关系，让孩子愿意与你配合。

这是为孩子设定限制的最重要秘诀。你不可能让任何人做任何事情。你的孩子之所以服从你的要求，是因为他与你存在密切关系，他对你非常信任，也很爱你。当然，另外一个选择是恐惧，但是这种方法只会暂时有效。由于你不得不升级威胁程度，恐惧的效果会越来越弱。相反，从长远来看，关爱才是更加有效的行为动力。

那么，如何设定有效限制呢？

☆ 首先，培养你与孩子之间强有力的支持关系，让他知道你支持他，促使他主动希望让你高兴。

☆ 在关系修复之前，不要开始说话。看着孩子的眼睛，抚摸他，吸引他的注意力。

☆ 设定限制时，与孩子沟通交流。“这样做好像非常有趣……但是，我想可能会伤害他人。”

☆ 设定限制时，要表情镇定、和善，并表现出真挚的同情。“哎呦！我没有向你吼叫，所以请不要向我吼叫。你这样说话，肯定是因为心情非常糟糕。到底怎么回事，宝贝？”

☆ 设定限制时，要承认他的观点。“停止游戏到屋里来肯定很难做到。但是，现在该洗澡了。”

☆ 通过提供选择，消除孩子被“强迫”的感觉。“你想现在进来，还是过5分钟再进来？”

☆ 征得孩子的同意，让他承认是“自己”的限制。“好的，5分钟之后再进来。但是，5分钟之后可不准反悔哟？我们拉勾。”

☆ 愉快贯彻。保持心情快乐，限制更容易执行，你也不会发脾气。如果孩子知道，你不会因为他的不断哀求将最后期限推后，他就会更容易与你配合。大多数情况下，你需要与孩子靠近，看着他的眼睛，表明你的严肃态度。这种方法比提高嗓音更有效。“5分钟已过，现在该进来了。”

☆ 持续交流，表达理解。“你玩得真高兴！不过，现在该洗澡了。”

☆ 限制讨价还价。“我知道，停止游戏确实很难。但是，我们说好了5分钟洗澡，而且不许反悔。现在5分钟已过，我们走吧。”

☆ 不要指望孩子喜欢你的要求。没有哪个孩子永远高高兴兴地服从父母的要求，这很正常。你可以在不改变限制的前提下，同情他不快的心情。“我听说，其他小朋友还在外边玩儿，所以你不愿意回家。你肯定很不情愿。但是，今晚你需要洗澡，而且我还希望我们有时间躺在床上讲故事。”

☆ 如果你不能满足孩子的某一现实愿望，可以用想象的方式满足。“我向你保证，当你长大以后，你可以每天晚上都不睡觉，整夜在外边玩儿，好吗？”

☆ 如果孩子对你的限制又哭又闹，要耐心倾听他的感受。一旦孩子感到你在听他解释，就会相当配合。“你希望你能吃糖……瞧，你哭了……我就在你身边，宝贝。如果你愿意，我们拥抱一下。”

☆ 对孩子行为背后的需求或感受做出反应。“你拥抱弟弟，是希望和他一起玩儿，对吗？我们去问问他，但是不要弄坏他的玩具。”

☆ 避免任何惩罚孩子的欲望。设定限制就足以让孩子吸取教训，他如果一切无济于事，尝试拥抱。

们最终会接受我们指定的规则和日常安排。批评只会让孩子对你制定的规则增加抵触情绪。

☆ **如果孩子对你表现轻慢，要通过关系而不是管教予以纠正。**如果孩子态度粗鲁，说明他内心十分烦躁，或者希望与你更好地沟通。无论属于哪种情况，如果以后果相威胁，只能让情况变得更加糟糕。我并不是建议你容忍孩子的粗鲁行为，而是说他的举动是一种警示信号，你应该修补与孩子的关系。

☆ **如果一切无济于事，尝试拥抱。**当然，这并不是鼓励孩子的不当行为。孩子之所以有不当表现，说明他们希望与你沟通；如果你积极与他交流，他就会端正自己的行为。你为他提供了安全感以后，他就会更快地度过焦躁的状态。而且，你还会帮助他放松下来，恢复自己的最佳状态。

如何帮助试探限制的孩子？

任何思维正常的孩子都会试探你设定的限制，这是他的天性。毕竟，他对这个世界还很陌生，他在体会各种规则。孩子试探限制最常见的原因是，他们非常想知道限制到底位于何处。孩子需要有安全感，知道有经验更加丰富和知识更加渊博的人在为他警戒。如果我们不对他实施引导和支持，他们就不会感到安全。这就是为什么我们经常说，孩子总是不断地试探，直到他们发现我们真正的限制。

但是，如果我们设定清晰明确、换位理解的限制，孩子还是试探，应该怎么办？即便他发现某些限制是不可动摇的——例如，先吃晚饭再吃甜点，妈妈不允许他殴打弟弟，每当他在沙发上蹦跳时爸爸都会阻止——有时他仍然忍不住试探这些限制。为什么？

1. 他非常想要某种东西。例如，现在是甜点时间，他却希望我们或许可以改变主意。他知道，我们的许多限制是可以商量的。或许，如果他坚持要求，甜点也会成为一个例外。他会失去什么？我们可以这样帮助他：

⊙ 对于非常重要的规则，我们应尽量保持一致。

⊙ 换位理解。

⊙ 让他通过想象满足自己的愿望："我想，你肯定希望现在就吃掉整块蛋糕，是不是？"

⊙ 让他自己转移注意力，这是一种控制冲动的非常有效的技巧："你非常想要那份甜点。但是，你的身体首先需要健康食物。我们一起做晚饭，看看可以吃什么健康而又美味的食物。你是否愿意帮我洗生菜？"

2. 他感觉，他有必要管理过分压制他限制意识的事物，在这个案例中，还包括他对弟弟的喜爱。他不会认真思考，只是按照想法行动。我们可以利用下列方式帮助他：

⊙ 了解让他采取行动的诱因，在他实施错误行为前，及时干预。"我们把你的东西放到厨房的桌子上，对于好奇的小弟弟来说，那里更安全。"

⊙ 注意他释放的混乱信号，在他还没有彻底崩溃前，利用玩笑和沟通方式，释放内心压力。

⊙ 每天用 15 分钟时间与他进行随意的"特别时光"游戏，以便他遇到问题后，能表现出更好的情绪弹性。

3. 他有一些无法表达的未能满足的需求。如果他在学校一天之中大部分时间都在坐着，吃饭前又像被关在笼子里一样不许动弹，沙发对于他来说就像蹦蹦床一样好玩。是的，他知道不能在沙发上蹦跳的限制，但是如果不活动，他就会感到要爆炸一样难受。对于一个孩子来说，他还能做什么呢？我们可以关注孩子的需求，以积极回应为他们提供帮助：

⊙ 一个活跃的孩子需要一张小小的蹦蹦床，或者在地下室为他安排一张床垫。

⊙ 一个很容易受到过度刺激的孩子需要大量安静时间。

⊙ 如果你有几个孩子，每一个每天都需要有与你单独相处的时间。

放弃威胁：十二种优秀替代方法

洗完澡以后，我3岁半的女儿披着浴巾坐在沙发上。我连续5次叫她穿上睡衣，结果得到了5次拒绝。当时，我正忙着给小宝宝洗澡，我听到丈夫威胁道："好的，不错，你将得不到图书。"此时，你讲述的技巧突然浮现在我的脑海之中。我说："嘿，我们遇到问题了。现在该睡觉了，你需要穿上睡衣。你觉得我们应该如何解决这个问题呢？"此时，她的脸上露出了开心的笑容。她建议我们一起鼓掌，走进房间。然后，我们排成一条线，高高兴兴地走进她的房间。关于刷牙和如厕，我们也采取了相似做法。每次我都会说："嘿，非常棒的办法！谢谢你！"她怎么回答？"不客气，妈妈，没有问题！"

——卡丽，两个孩子的母亲

你是否担心，如果不以后果威胁，如何确保孩子的行为正确？下次，当孩子拒绝你的要求，而且你发现自己即将表达威胁时，可以尝试下面一些答复方式。请牢记，开始说话前，首先深吸一口气镇定下来，让大家都有思考时间。

1. 让孩子解决问题。"你还没有刷牙，我希望我们有讲故事的时间。

我们应该怎么办？”孩子都喜欢帮忙，喜欢解决问题。有时，他们仅仅需要一些选择和尊重。

2. **双赢合作。**如果孩子不能提供一个合适的办法，向他解释原因，并帮助他设想另外一个办法。“你希望今天晚上不刷牙？嗯……我可不同意，你的小牙齿有细菌，不刷牙会出现许多小洞。我们怎样才能刷牙，然后开始讲故事呢？你是否愿意穿上睡衣，然后刷牙？”一旦孩子认识到，你对双赢解决办法非常认真，他就很有可能与你配合，寻找一个双方都认可的办法。

3. **讲话方式要带有邀请成分。**请看下列方式的差别：

⊙“现在去刷牙。”没有人愿意被告诉应该做什么，这种直接命令的方式经常引起孩子的抵触情绪，包括直接抵触和间接拖延。

⊙“你现在可以去刷牙吗？”许多孩子会对这种方式做出反应，明确表示拒绝。除非你愿意被拒绝，否则不要采用是或否的要求方式。

⊙“你是愿意现在刷牙，还是穿上睡衣后再刷？”你赋予孩子一定控制权，对他表现出尊重。同时，你又维护了作为家长做决定的权威。当然，你提供的选择必须是你可以接受的。

⊙“你现在可以刷牙了。”这种表述听起来好像是一种恩赐，是不是？它虽然是一种命令，但是又不失尊重。对于面临过多选择的孩子来说，这种方法尤为有效。

4. **赋予权力。**让孩子对自己的活动承担尽可能多的责任，不要一遍又一遍地邀请他去刷牙。可以这样问他："在我们出发前，你还需要做什么？"如果他看上去有点儿茫然，你可以列出一个简要列表："每天早晨，我们吃饭、刷牙、上厕所、装背包。我看到你把背包装好了，这很好！现在，在出发前，你还需要做什么？"如果孩子感到更加独立，更有自主权，他们抗拒和反对的愿望就会降低。当然，他们还会养成较早承担责任的品质。

5. **重新要求。**"喔，我告诉你刷牙，但是你没有听。于是，我向你吼叫了，对不起。让我们重来一遍吧。"如果你发现自己的方法存在错误，这是一种很好的中途纠正的方式。蹲下身子，和孩子保持相同高度，然后和他热情交流。看着他的眼睛，抚摸着他。"好的，我们再来一遍吧，宝贝。现在该刷牙了！我们如何像一个团队一样，让你把牙刷完？"

6. **游戏转换。**"你不愿坐到汽车座位上去？现在，你在扮演飞行员。宇宙飞船马上要起飞了。请系好安全带！10……9……8……7……6……"

7. **通过身体接触和游戏交流，转移他的抵触情绪。**"你不想穿睡衣，这是什么意思？过来，你这个不想穿睡衣的小家伙！我要让你看看，谁是这里的老板！你要去哪里？你最好给我过来，穿上你的睡衣！我是睡衣强制执法者，我永远会打扮好我的小男子汉！嘿，别跑！"踉踉跄跄，跌跌撞撞，尴尬摔倒。将睡衣放在你的头上，让他进一步发笑。当你最后抓住他时，和他嬉闹一会儿，直到你们拥抱在一起。现在，你们已经进行了充分沟通。此时，向他提供选择："你是愿意在我讲故事时穿上睡衣，还是希望等到很冷时再穿上？"

8. **根据他的要求做出承诺。**“我保证，等你长大以后，你可以整天晚上都不睡觉，每个晚上都可以，好吗？”

9. **满足他的真实需求。**许多问题其实不需要争执。“我听说，你今天不想穿夹克。但是，我担心外边冷。我把外衣放进你的背包，等你改变注意时，可以拿出来穿，好吗？”这样，他就不会得肺炎。只要他不自食前言，再次向你提出拿外衣的要求，当他感到冷时，就会主动把衣服穿上。

10. **让孩子自己决定。**“你不想上车？好的，我们还有时间，等你准备好了再上车。等你的时候，我要读一会儿书。”

11. **使用理性思维。**通过讲故事绕过“战或逃”的尴尬：“你和爸爸玩得非常高兴。然后，他告诉你去刷牙。你感到非常扫兴，对吗？……然后，爸爸说，今晚不再讲故事了，是吗？……现在，你既伤心又生气……我就在你身边，我爱你。爸爸也爱你，爸爸也很伤心。但是，现在他走过来了，他要拥抱你……我们来想个办法，让大家度过一个愉快的夜晚。等我们安排你上床睡觉时，你会感到很高兴。或许，我们需要重新做一遍，好吗？”这样做，有助于开发孩子的情商，增进家人的联结。即使它不能让所有家人取得完全一致的意见，至少可以获得大体相近的观点。

12. **了解问题的根本原因。**通常，当孩子对我们表现出漠视时，实际表明他们需要情绪引导。如果你发现孩子闷闷不乐，而且他还设法让你感到不快时，便属于这种情况。此时，你会发现，无论如何努力，都不会奏效。孩子向你暗示，他有一些非常重要的感受希望向你倾诉，他希望得到你的帮助。所以，如果你设定了行为限制，但是孩子表现出一副无所谓的神情，不要试图惩罚或以后果为要挟。你应该靠近他，看着他的眼睛，以尽可能多的同情向他重新叙述你设定的限制，帮助他宣泄内心压力。一旦孩子消除了纠结的负面情绪，你会发现他变得更愿意配合。

如果你经常使用威胁或以后果相要挟，重新学习将是一个相当艰难的过程。关键是要将“后果”这个词从你的词典中删除，以“解决问题”取代。你会发现效果大不相同。

如何调解冲动行为

当我蹲下身来与3岁的女儿平静交流时，她的怒气就会消散，充分感受到我的关爱。有时，她需要紧紧拥抱，或者真正和我扭打一会儿，比如拿起枕头激战一番。有时，她的情绪过于强烈，好像我们永远无法克制。不过，她开始像我一样尝试深呼吸，从鼻子吸入，从口腔呼出。她会说：“妈妈，我们不会大喊大叫，对吗？”宝贝在进步。作为一名单身妈妈，我仍然会发脾气。但是，当我看到她在深呼吸，努力控制自己的情绪，我知道这种方法产生了效果。

——卡丽，一个3岁女儿和一名婴儿的母亲

如果家中正在酝酿情绪风暴，或者风暴已经来袭，在此重大关头，你该怎么办？

☆ 让所有人保持身体镇定。这意味着，父母应该把车停下来，将打斗的孩子分开，同时注意躲避他们舞动的拳头，甚至当孩子试图攻击你时，握住他的手。必须让孩子知道，你会确保所有人的安全。

☆ **让所有人保持情绪镇定，通过展示情绪控制的示范作用，促使孩子向你学习。**通过沟通、理解和控制攻击冲动，我们可以确保孩子的情绪安全。相对而言，如果我们采取战或逃的策略，就会丧失让孩子镇定下来的机会。

☆ **限制孩子的行为，为他们提供必要指导。**要以和蔼、镇定和坚决的态度采取必要行动，解决当前情况。把孩子从超市购物车上抱下来，带到自家汽车上。将购物车留在原地，告诉孩子，“一会儿我们再回来”。

☆ **帮助孩子处理情绪，鼓励他管理自己的行为。**那么，我们如何才能教育孩子管理自己的情绪呢？盛怒之下，我们应该以最大的同情倾听孩子的诉说。如果孩子对你大吼“我恨你”，你只需倾听，表示理解，让他知道你明白他的意思：“宝贝，你这样对我说话，说明你肯定非常生气……到底怎么回事？”然后，再次倾听，表示理解：“当时，你非常生气，我理解……我们重新做一遍吧。”

你是否注意到，我们在这里并未提到“让孩子承担责任”？在孩子情绪激动的情况下，这是不现实的。只有大家都安静下来之后，才能向他们讲述这一道理。（参见本章随后内容，“帮助孩子利用 3R 修复关系：思考、修补、责任”。）

帮助孩子利用 3R 修复关系：思考、修补、责任

虽然孩子永远拒绝就打斗道歉，但是一旦父母倾听他们的感受后，他们都会愿意重新沟通，与家人和好如初。如何帮助孩子承担责任，鼓励他修复自己造成的伤害，包括人际关系和财物伤害？利用 3R 挽回损失：思考、修补和责任。

☆ 思考（Reflect）。当你询问开放性问题，帮助孩子“叙述”发生的事情，他的理性大脑便会开始理解。将来，他对自己的情绪和行为便能实施更大的控制。“艾丽莎拿走你的布娃娃时，你非常生气，所以你打了她……她很伤心，哭了起来……于是，妈妈拿走了布娃娃。你更加害怕，哭闹起来，是不是？但是，后来你们都不哭了，你和艾丽莎一起玩泰迪熊，而且很开心，对吗？有时，当其他孩子碰你心爱的玩具时，你会很担心。但是，他们不会把你的玩具带回家。那是你的玩具，它和我们一起生活。如果你感到担心，除了打人，你还可以怎么办？”

☆ 修补（Repair）。当你的孩子伤害了一个人际关系时，鼓励他进行修复。他是否可以为妹妹拿一个冰袋？为她画一幅画？不要让他认为这是一种惩罚，而是重要关系受到损害后的一种修复手段。孩子经常将这种做法视为强迫道歉，他们感到羞耻，而不是一种积极行为。“你推倒了弟弟的高塔，伤害了他的感情。你需要怎么做才能让他高兴起来？你希望帮助他将高塔再次建好？太棒了！你为什么不向他提出这一建议，看他怎么说？你是否认为，他还希望和你拥抱一下呢？”

☆ 责任（Responsibility）。帮助孩子树立责任感的第一步是，促使他意识到，他的选择能够产生重大影响，而且他任何时候都可以做出选择——“积极反应”。关注他的日常行为，帮助他注意自己的选择和产生的后果：“当你帮助迈克尔让卡车转弯时，他肯定非常高兴。”这种做法比表扬或惩罚效果更好，能够更有效地鼓励他做出明智选择。

与惩罚和被迫道歉不同，修复关系 3R 原则可以让孩子打下坚实的基础，帮助他管理自己的情绪和行为。你是否担心孩子不会学习道歉？如果你向他道歉，他会以你为榜样，学习如何向你和他人道歉。

预防性维护

我 4 岁的女儿已经不像过去那样又踢又打地发脾气了。相反，当她情绪不佳时，她会说："我需要一个拥抱"！

——朱莉娅，两个孩子的母亲

如果我们忽视日常维护，例如定期更换润滑油，我们的汽车就会很糟糕。一旦我们发现汽车出现故障，我们所能做的选择将十分有限。所以，我们应该利用下面的策略教育孩子，以预防维护避免问题和不当行为的发生。这样，你的"汽车"就不会经常半路抛锚了。

☆ 特别时光。特别时光是最重要的工具之一，它可以让你和孩子保持沟通，帮助他们表达自己的情绪。

☆ 日常活动。最大限度地限制自己作为"警察局长"的角色。

☆ 仅设置必须设置的限制。过多地对孩子说"不"，只能让他认为你没有和他站在一起。

☆ 将孩子的不当行为视为需要帮助的呼唤。或许，在实施转变前，孩子需要更多警告。或许，孩子在汽车里和弟弟打架是因为他在学校承受了太大压力，他需要一点儿属于自己的时间。或许，晚上睡觉前他从床上起来二十几次，是因为白天与你分离和对你照顾小宝贝的嫉妒，使他很难在晚上与你再次分离。请注意，在上述情况下，你的孩子可能很难理解自己的内心感受，也很难向你准确表达。但是，你可以分析这些行为的根本原因，促使他改变自己的行为。

☆ 先沟通，再修正。当然，孩子需要你的指导。但是，如果你与他的关系不好，他就不可能接受你的指导。你与孩子百分之九十的互动都应该是情感联结，这样他才能接受百分之十的行为指导。

如果孩子越界怎么办?

我不理解，为什么不能惩罚越界行为……如果孩子真的越过了红线，应该怎么办？昨天，我3岁的孩子生气之后扔了一本书。书打中了我丈夫的眼睛，打破了皮肤——唉！我将她带离房间，告诉她再也不能这样做。然后，让她坐在一个地方反省。这样做是对，还是错?

——杰米·林恩，一个3岁和一个5岁孩子的母亲

唉，这种事的确不好处理！大多数3岁的孩子都会扔东西，他们并不清楚自己行为将造成何种后果。

问题是，将孩子带离房间，让他坐在一个地方反省，并不能帮助他认识扔东西背后的情绪。在所有攻击行为的背后，我们都能发现恐惧——每个小孩都有成年人无法想象的恐惧。如果一个3岁的孩子被恐惧困扰，他就很有可能被某件事情激怒，甚至拿到什么东西都会扔。虽然这很危险，但属于正常行为。孩子会慢慢明白，当然我们也会告诉他，向人扔东西永远是绝对禁止的，要像父母那样不要扔东西。现在，这个孩子已经意识到（在伤害爸爸之后），扔东西会伤害他人。父母需要帮助孩子管理扔东西背后的情绪。

我想知道的是，当这个孩子被妈妈拉到另外一个房间反省时，他的内心发生了何种变化。如果我是他，我会非常害怕自己的父亲，对自己非常担心，因为我会做出非常可怕的行为，无法控制自己。因此，我被拉到另

外一个房间，没有机会与爸爸重归于好。我会认为，我非常强大，可以让看似无敌的父亲流血，这将是一个极其可怕的想法。我内心的羞耻和恐惧非常强烈，我会以愤怒将其赶走（所有人都会以愤怒处理不良感受）。我会坐在那里，为自己的行为辩解，告诉自己，我为什么是对的。

你会发现，让孩子隔离并不能帮助他管理“越界”背后的情绪。他非常恐惧，无法正常思考，所以也无法得出富有逻辑的结论。虽然结束“禁闭”之后，孩子可能迫于我们的压力道歉，但是下次他并不能更好地管理自己的攻击行为。或者，他可能不再对爸爸发脾气，但是会选择其他发泄方式，例如殴打弟弟、在房间内到处撒尿或者做恶梦。

相反，如果我们马上照顾受伤之人，就可以清晰地向孩子暗示，这是一件大事。我们甚至可以让他帮忙。最好的结果是，对父亲的悉心照顾可以让他忘掉愤怒，开始关心自己的爸爸。“哎呀，你爸爸受伤了。宝贝，去拿一张面巾纸，我们帮爸爸处理一下。”我们对他提出邀请，让他一起帮助爸爸。他或许做了一件十分可怕的事情，但是我们要让他明白，他并非可怕的魔鬼。这是我们鼓励他正确面对越界行为的基础——也是原谅他的基础。教育始于我们对他的原谅。

我们是不是太容易原谅他了？不是。他不可能感觉自己是一个坏孩子，同时又像一个好孩子那样去做事。他的行为方式显然超出了温馨家庭关系的范围。我们不应回避他，这只能强化他坏孩子的心理定位。我们应该主动帮助他，将他重新拉回家庭温暖的怀抱。如果没有这种沟通交流，我们就不可能触动他的内心，任何“管教行动”只能进一步强化他作为坏孩子的心理认识。

一旦处理好家长的伤口后，我们应该深吸一口气，避免采取愤怒行动。我们提醒自己，阻止类似事件再次发生的最佳办法，是帮助孩子处理他的内心感受，而不是惩罚他。

我们靠近他，非常严肃，非常和善地看着他的眼睛说：“书籍不是用来扔的。你伤害了爸爸，是不是？”孩子很有可能会流下泪水，释放他内心的压力。在此期间，父母应该拥抱他。当他安静下来的时候，我们接着说："你当时非常生气，所以你扔了书。但是，你严重伤害了爸爸。这很可怕。不过，爸爸会好起来。这就是为什么我们不能向人们扔东西的原因。"

等孩子镇定下来以后，我们可以问他能够做点儿什么，以便安慰爸爸。我们可以为他提供一个改正错误的机会，促使他成为自己心目中的好孩子，有能力控制自己的愤怒，不会伤害他人。如果他被拉到另外一个房间反省，这种转变是不可能实现的。当他像罪犯一样被隔离时，他的内心会变得更加冷酷。但是，作为紧急事件的救助者，他的内心会处于开放状态。他可以感受我们的慈爱，希望他提供帮助而非伤害的强烈愿望。他获得了安全感，能够向我们展示愤怒背后的全部恐惧。得到展示之后，这些感受就会消散，消极行为也就不会出现。

那么，孩子获得了哪些教训呢？

- ⊙ 扔东西会严重伤害他人。
- ⊙ 以后，我要更好地控制自己，不再发生类似事件。
- ⊙ 如果你不任性而为，情绪就不可怕。
- ⊙ 爸爸妈妈理解我的情绪。我可以相信他们为我提供帮助。
- ⊙ 我有可能严重伤害他人，我再也不想发生这样的事情。
- ⊙ 我有可能把事情做得更好，修复裂痕，纠正错误。

或许，最重要的教训是，跨越红线之后，他不会产生隔离感和遗弃感，而是感受到父母的爱是无条件的，他的父母并没有遗弃他。他知道，他本质上是个好孩子，希望表现出"正确行为"，父母永远不会对他丧失信心。这种认识可以进一步强化他的自信心，帮助他赢得父母的信任。

无条件的爱能够产生神奇效果的原因在于，父母的爱没有限制，只有无尽的爱。

补充资源：话术

在设定限制时，你是否需要话术帮助？请登录 AhaParenting.com，寻找话术资源。如果你阅读的是本书的电子版，只需点击脚本链接便可。

当孩子打你时

本脚本帮助你处理孩子的攻击行为。

www.ahaparenting.com/parenting-tools/positive-discipline/child-hits-parent

离开游乐场

本脚本帮助你为孩子设定限制，处理孩子的不当举动。

www.ahaparenting.com/parenting-tools/positive-discipline/how-to-set-empathic-limits

5 让孩子获得快乐和自尊：自主性训练

大多数父母表示，他们希望自己的孩子能够成功。但是，到底什么是成功呢？在我们的文化中，成功通常被理解为取得成就。在学校学习好，考上大学，找到一份好工作，拥有高质量的生活和不凡的名望。虽然这种成功能够让父母感到骄傲，却不一定让孩子感到快乐。从传统定义来看，幸福与成功并没有多少关系。幸福取决于我们与他人的亲密关系（我们三大理念之中的一个），以及心理学家亚伯拉罕·马斯洛（Abraham Maslow）所说的“自我实现”。我们可以将自我实现理解为，通过评估我们特有的天赋，使之逐步完善，与世界积极分享，达到充分开发所有潜能的目的。虽然不可能每个人都成为明星，但是我们之中的每一个人，如果足够幸运，可以加入探索和自我表现的行列，精神病学家爱德华·哈洛维尔（Edward Hallowell）将这一过程称为“自主性”实现。

如果我们将培养“自主性”儿童视为帮助他们成长的强健翅膀，这将是通过引导而非控制方式实现长期育儿的终极目标。在本章我们将看到，自主性儿童的培养，取决于我们调整自身焦虑和强化联结（我们最重要的理念）的能力。

一名自主的木匠，一名自主的教师，一名自主的吉他手，“自主”是一个充满力量的词汇。我们养育孩子，希望他们有愿望，有勇气处理各种挑战，征服它们，这才是成功的真正源泉。在不同的时间段，我们关注的重点不同。但是，我们一直希望征服面前的挑战。我们希望对人报以灿烂的微笑，创造充满爱意的婚姻，为了家人快乐地工作，或者参加义务活动回报他人。实现个人目标的能力，决定着我们是否能够创造成功的人生。所以，“自主”是获得幸福、取得成就和在快乐中实现进步的根本条件。

此外，自主解决问题的循环是进入成功状态的最可靠途径，这种状态称为“涌流”，它已经没有了时间概念。米哈里·契克森米哈(Mihály Csíkszentmihályi)是最早提出涌流概念的心理学家，他对涌流的定义是，我们深深地卷入了某项活动，已经进入了纯粹的关注和快乐状态。运动员将其称为“进入状态”，但这并不局限于世界级运动员。如果愿意全心全意地学习和创造，热情地追求目标，我们会让每一个人充满快乐。涌流和自主超出了让我们生活具备深层意义的成就和幸福的传统理念。

自主也是自尊的源泉。有时，人们会采取一种骄傲的、对自身能力并不准确的观点，以此弥补消极的自我感受，所以询问人们是否自我感觉良好，并不能准确反映他们的自尊状态。这就对自尊是否是一种积极品质的问题带来了混乱。不过，我们可以将准确衡量自尊面临的挑战暂时放在一边，并将自尊定义为，不论外部环境如何，我们的自我认识总要好于真实的情况。这种自信、自尊，对于情绪健康十分重要。

我们在前面章节已经讨论过，自尊始于无条件的爱，它让我们从内心深处相信，无论我们取得的成就高低，都具备作为人的价值。但是，随着孩子的成长，他们的自尊将以真实的成绩作为基础。所有人都认为，他们所处的环境是一种考验。在我们的一生中，每个人都必须承担各种任务，都要成长，都要面对各种实践、培训、障碍和考验。这些挑战塑造了我们，促使我们将在现实世界中获得的经验表达出来。因此，随着我们的不断成长，自尊需要我们从自身经历中获得让梦想和能力成为现实的某种品质，这种品质就是“自主性”。

自主并非一次性感受。它是处理自身经历的一种途径，经过不断实践，自主可以转变为后天品质，一种生活能力。具有自主性的人喜爱探索、学习、成长、努力、实践、掌握事物，无论在别人眼中他是“成功”，还是“失败”，他都会兴致盎然地享受整个创造过程，然后向下一个目标进发。有时，我们认为，这样的孩子更有天赋，富有自我激励精神，或者以成就为导向。但是，这些都是结果，并非原因。每个孩子出生时都有潜在的天赋，任何喜欢自主过程的孩子都有某种内在愿望，希望通过发展自己的先天能力取得成就。当然，前提是，这种成就对他来说很重要。成就是第二位的，成就只是自主的副产品。

什么是自主性训练?

作为父母，你必须尽力做好育儿这份工作。首先，你必须面对一个无助的婴儿，他甚至无法控制自己的双手。十几年中，他要学会爬行、走路、跑步、进食、与他人相处、阅读、熟悉社会、驾驶汽车、通过中学考试。在每一个阶段，孩子都要受生物学本能和人文精神的驱动，向跨越下一个障碍迈进。他满头大汗地挣扎着跨过去，平衡一下身体，然后冲向下一个目标。他的姿势是否优雅？当然不。你是否可以相信大自然会帮助你的孩子拥有这样的能力？可以。

但是，怎么解决一个个问题？毫无疑问，孩子可能存在方方面面的问题。阅读困难，不善与其他孩子交往，不能顺利转变，不能控制自己的情绪，或者记不住要拿背包，等等。在某些时刻和某些领域，每一个孩子都需要我们给予额外支持。这些支持就像脚手架，可以帮助你的孩子发展其自主性。本章将告诉你，如何为孩子提供这种帮助。

但是，孩子在正常发展过程中面临的许多挑战，均能完全避免。事实上，作为父母，我们经常无意之中为孩子制造障碍。具有讽刺意味的是，尽管我们主观上希望帮助孩子取得成功，尽管我们对自己和孩子是否足够优秀感到忧虑，我们经常使用一些产生反作用的方法塑造他们，破坏他们在发展自主性过程中本应享受的乐趣。我们过分刺激他们，过分帮助他们，过分保护他们，过分安排他们的时间，过分控制他们。所有这些，我们都将在本章讨论。幸运的是，我们有三种基本指南可以纠正这些做法，消除我们的忧虑：

1. **无条件的爱**。有些父母认为，无条件的爱将损害孩子努力的欲望，他会满足现状，不思进取。因此，父母以强制要求孩子取得成绩，鼓励他们具有自主性，这等于告诉孩子，他们的爱取决于孩子是否取得成就。这种做法的悲剧在于，为了帮助孩子取得成功，这些父母毁灭了孩子快乐的基础——他们原以为，只要保持自己的本色，就能得到父母的爱。具有讽刺意味的是，恐惧将吞噬快乐，而快乐正是孩子实现自主性的基础。必须要有发自内心的热情，才能在艰苦的努力中，逐渐培养出自主性，而这种热情，是每一步实践和探索带来的快乐。

2. **尊重**。无论孩子在成长过程中的表现如何，我们都要表现出对他们的欣赏，展示我们对他们的尊重。我们尊重孩子探索和自我发现的自然过程，而不是感觉我们必须提供教育和挽救。我们尊重孩子的游戏、幻想，以及他主要活动的其他兴趣，而不是打断他，指导他的游戏。我们不会坚持要求他从事某种运动或者弹奏某种乐器，而实际上他的兴趣在其他方面。我们尊重孩子的时间安排，以及每个年龄段展示出的兴趣。我们可能希望孩子在学校尽自己的最大努力，但是我们不会强迫他们牺牲自己的好奇心和个人兴趣，在标准化考试中“获得”好成绩。我们将自己视为孩子的伙伴，甚至助手，而不是他的老板。当他规划自己的道路时，我们仅提供资源上的帮助。我们不会按照某些主观想象的发展标准评价孩子，强迫他从事他还无力完成的任务，让他承受失败的压力。我们根据他的实际现状向他提供支持，不会考虑同年龄段孩子在做什么。

3. **脚手架支持**。什么是脚手架？脚手架是正在建设的建筑四周的结构。在建筑建好以后，脚手架就会拆除——脚手架的价值已经不复存在，所以不再有价值。但是，如果没有脚手架，建筑便无法建造。我们为孩子提供的脚手架，就是帮助他们建造自己的内在结构，在具体行为上取得成功。这种“脚手架”包括如下内容：

⊙ 日常活动和习惯(“一旦用完东西之后，我们便把它们放回原处”)。

⊙ 行为期望（“在我们家，任何值得做的事情都应该做好”）。

⊙ 榜样作用（“看看，如果你从这里推一下，就会打开！”）。

⊙ 一个安全的环境（保护孩子）。

帮助孩子获得自主性体验的最佳方式，是满怀尊重地观察他，了解他在哪方面需要支持，然后在相应位置为孩子搭建脚手架。例如，对于丢失东西的孩子，我们可以帮助他们养成留心物品位置的习惯。或者，当我们6岁的孩子与其他孩子发生矛盾时，我们可以倾听他的悲伤，帮助他设想自己应该对那个孩子说些什么，而不是心急火燎地给那个孩子的父母打电话告状。与我们亲力亲为或者单纯期望孩子自行掌握生活技能相比，尊重观察和策略性脚手架行为，要求我们付出更多努力。但是，这样做可以培养出一个自信、自立的孩子，他有信心自己面对各种问题，并取得成功。

如何利用尊重、无条件的爱和脚手架支持帮助孩子形成对自主性的渴望呢？我们通过孩子童年的发展脉络，从新生儿开始，逐步梳理。

帮助孩子获得自主性体验的最佳方式是满怀尊重地观察他，了解他在哪方面需要支持，然后在相应位置为孩子搭建脚手架。

伴随儿童成长，培养自主能力

婴儿期（0–13个月）：蓓蕾初成的科学家

无论年龄如何幼小，儿童也是人。

——瑟斯博士（Dr. Seuss）

"现在，我要把你抱起来……我们把湿尿布换下来……你喜欢？你在踢打……"尽管孩子还不能讲话，为什么善解人意的父母要和他们交流？这是我们对另外一个人最基本的尊重，而不是将他当成一件物品，随意搬动。但是，这种做法对孩子的发育到底有没有好处？他会记得多少？

我们并不清楚。但是，坚持这样做，我们就会发现，孩子是蓓蕾初成的小小科学家。他们不断研究世界，并得出各种结论。虽然以前我们认为不会讲话的婴儿不会记住某个具体事件，也不会受到影响，但是研究人员发现，孩子能够以非语言和本能方式"录制"发生在自己身上的所有事情。与后期生活相比，孩子说话前的经历对孩子态度、情绪以及生活信念的形成，具有更加重要的作用。婴儿极其渴望了解世界，具有自主能力，并从各种经历得出结论，所以这种做法是很有道理的。

你是否还记得我们前面讲过的那个幸运儿童？看到他在学习，父母自然很高兴。但是他们知道，孩子何时第一次坐立行走，对他最终的人生幸福或成功，并没有影响。他们试图淡化孩子各个阶段的发育标志，让自然规律帮助孩子以自己的成长节奏开花结果。他们是不是太不负责任了？一点儿也不。他们定期去拜访儿科医生，并能及时发现任何异常信号。父母只需爱自己独一无二的孩子，抚养他们，享受他们的成长过程。

和所有儿童一样，我们的孩子自己学习翻身，自己抓起拨浪鼓玩耍，自己学会坐起和爬行。妈妈会克制自己帮助孩子翻身的冲动。相反，他与孩子坐在一起，温和地向他提供信息，为他搭建脚手架："是的，你在努力向上撑，这很费力气。你在锻炼自己的肌肉。"孩子是否理解妈妈的话语？或许不会，但是他的理解比我们的想象要早得多。他在学习什么？

- ⊙ 由于母亲认可孩子的努力，他明白自己的努力是有价值的。
- ⊙ 由于母亲没有匆忙提供帮助，孩子会明白，这件事需要他自己去努力。
- ⊙ 由于母亲的语调十分放松，孩子会明白，这并非紧急事件，完全取决于他自己的主观意愿。母亲相信他有能力完成这一技能，只要继续努力，就会取得成功。
- ⊙ 由于母亲对孩子的语言和身体变化做出反应，他知道妈妈会提供必要的帮助。

在孩子的婴儿期和童年，这种学习过程会以不同形式不断重复，成为他对自身以及世界最基本认识的一部分。

这位聪明的母亲之所以和孩子交流，是因为她与孩子从一开始便建立了联系。此外，通过与孩子交流，她也控制了自己的焦虑。与大多数年轻父母一样，她也非常渴望让孩子拥有一个好的开始。但是她知道，最好的开始在于孩子自己去探索，自己去开发内在品质。通过与孩子交流，她告诉自己孩子很有能力，从而克制自己匆忙“救助”孩子的冲动。当然，她会密切关注孩子的一举一动。如果孩子压住了胳膊，无法抽出并哭闹时，妈妈会以温和的嗓音安慰他，告诉他发生的事情：“你压住了自己的胳膊，胳膊扭住了。噢，有点儿疼。”妈妈镇定的话语让孩子明白，这并不是紧急事件，只是学习翻身正常过程的一部分。于是，孩子会再次尝试，试验其他方法，调整自己的位置，最终成功将胳膊抽出来。

如果孩子没有内在毅力，不想今天继续尝试，希望获得妈妈的帮助应该怎么办？当然，妈妈会提供帮助。孩子需要有机会再次自行尝试——但是他也必须明白，妈妈会提供支持。妈妈向孩子提供最低限度的支持，帮助他继续“工作”，向自己的目标前进。妈妈轻轻触摸孩子的身体，告诉他胳膊压住了。或许，这便足以帮助他将胳膊抽出来。或许，这样做不会成功，孩子认定这次的努力已经失败。妈妈需要倾听孩子的诉求，做出适当反应："今天不再练习了，宝贝？来，过来找妈妈。明天继续努力。"

与所有练习一样，他会在合适的时候继续尝试，直至成功。随着时间的推移，孩子会适应更长时间的"挣扎"，甚至从中获得乐趣，明白这些不舒服的活动，只是更大规模创造的一部分。忍受不适克服障碍的信心，是孩子培养毅力的基础。幸运的是，母亲会细心观察孩子探索世界的过程，并接受孩子发出的暗示。母亲提供干预，是因为她发现孩子需要些许帮助，而不是出于自己的忧虑，或者自己需要获得某种成功的愿望。母亲是否感受到了这些情绪？当然，因为她是孩子的母亲。但是她也明白，这些是她自己的需求，不是孩子的。因此，她可以感受这些情绪，但不会采取行动。

孩子在享受适合自身节奏的训练，这些属于他的直接体验。他能够利用自己的感觉，不断探索。他从移动自己的身体开始，掌握新技能。首先，他拍打拨浪鼓，最后抓住它，逐步强化自己的注意力。当他坐在椅子上，汤匙一遍又一遍掉到地上，他会慢慢了解事情的因果关系。随着父母允许孩子不断探索和试验，尊重孩子的独立玩耍，不加干涉，与孩子一起分享发现的快乐，孩子就会享受掌握技能带来的快乐。同时，他也为自己的高情商打下了基础。

婴儿不需要借助 DVD 和电子玩具的人为刺激开发自己的情商。事实上，经常看 DVD 的婴儿会影响语言能力的开发。有些研究人员认为，观看电子屏幕会影响大脑发育，因为会产生过度刺激。其他研究人员则认为，观看电子屏幕会减少孩子与他人交流的时间，而后者才是他们真正学习的途径。婴儿学习语言不是通过观看屏幕，而是与人直接交流。研究表明，当孩子将事物两两对应起来，这种惊喜时刻会在他的大脑中建立起某种联系："噢，这就是爸爸说加起来的意思！"自主性并非只是意味着了解世界，自我管理，更意味着复杂的人际交流——寻求帮助，诱发微笑，与他人分享玩具带来的快乐。

如果不利用DVD和闪存卡鼓励孩子学习，为他们打下学习基础，父母应该怎么办？

☆ **最大限度地避免拒绝，保护孩子。**我们都希望孩子明白，不能乱丢垃圾，然后他能记住。但是，一段时间之内，他还不能完全做到。同时，他需要亲自探索——这是他的工作，对于他的大脑发育具有根本意义。因此，父母应确保他拥有一个安全的环境，可以为他提供学习所需的支持。

☆ **尊重观察。**认真倾听孩子对你的讲述。当然，他还不能以你的语言表达，如果我们认真倾听，他们能够非常有效地让我们理解。

☆ **不要匆忙指导。**相反，让孩子通过试验自行学习。发育心理学家让·皮亚杰（Jean Piaget）说："每次我们教给孩子某种东西，就是在阻止他自行探索。"

☆ **以目标性支持做出反应。**这可能意味着抱起孩子，利用你的声音让他知道你就在旁边，或者向他叙述刚刚发生的事情："你在击打悬挂的蓝鸭……差点儿就击中了。"

☆ **帮助孩子初步形成安全感。**例如，当孩子会走动之后，大多数会爬楼梯或者蹬到床边往下看，但是又没有办法爬下去。我们不应挡住他，不让他走到边缘，而是关注他，确保他不会受伤，并观察他的一举一动。如果孩子感觉可以"控制"自身安全，就会更快地学会如何保证安全。

☆ 当孩子正在兴致勃勃地玩耍时，永远不要打断他。当然，有时你可能必须这样做。但是，总的说来，当孩子专心于某件事情时，说明他正在工作。打断是对他的不尊重，你在暗示他正在做的事情不重要。你在阻止他解决那个具体问题，至少目前是这样。更为重要的是，你伤害了他的注意力和“专注程度”的培养。这是他学习自行玩耍的方式，在他3岁时，你会对他的这一表现非常满意。

当孩子一周岁后，他已经通过自身对世界的探索获得了许多认识。世界是否是一个非常奇妙、安全和值得探索的环境？他是否可以促使某些事情的发生？他是否可以做出有效反应？当他需要时，是否可以得到帮助？这些问题的答案，对他的持续进步提供了基础。

当你的孩子满周岁，开始四处蹒跚行走时，他的自主能力如何？让我们看一看。

学步期（13–36个月）：我自己做，开发反应能力

学步期儿童的所有活动，都是指向自主性的：学习和理解现象背后的原因，探索自己的行为对世界的影响。我们对孩子无条件的爱、尊重和脚手架支持，在日常生活中是怎样帮助孩子发展自主性的？

无条件的爱

由于学步期儿童还未充分了解客观世界的真正危险，他们需要父母经常给予监督和指导。但是，由于作用力和反作用力规律，每当我们试图利用成人的优势控制学步期儿童，他们配合的愿望便会遭到削弱。不幸的是，这样培养起来的孩子会认为，“控制”不是他力所能及的，所以他也就不会认为自己有能力“做出反应”，从而削弱实现自主性所需要的内部约束能力。在情绪引导和纪律约束等章节，我们讲述了在设定限制的同

时，以无条件的爱与孩子保持沟通，并以此为基础鼓励孩子发展自我约束的能力。这种方法同样适用鼓励孩子发展自主能力。当孩子在停车场试图离开我们时，我们应该提醒自己，他们并非有意冒犯。他们只是不知道危险，希望能自由奔跑。我们可以在购物前让他在公园奔跑，或者请他帮忙将购物车推过停车场。

尊重

尊重意味着，当条件允许时，我们可以放松对孩子的控制。当孩子试图自己穿衣服时，我们应该表示鼓励，提供建议，并在孩子要求时给予帮助。但是，我们不会打断他的行动，越俎代庖。此外，尊重还意味着，当我们对孩子的快速学习和自主性尝试感到满意时，不会强迫他表演或者炫耀自己的成绩。

脚手架支持

对于学步期儿童的脚手架支持包含如下内容：

1. 示范：“我们这样温和地拍打小狗。”

2. 提供工具和策略。“你可以站在小凳子上洗手。”

3. 安排顺序。“回家后，我们先吃午饭，然后再午睡。”

4. 支持情绪调整。“我们必须排队坐滑梯。我会和你站在一起，帮你排队。”

5. 提醒。“拿起球要往外扔。”

6. 鼓励。“你在用力推那扇沉重的门……你就要打开了！”

我们分析一下，这些工具在学步期儿童日常生活中的作用机制。戴维的父母知道，学步期儿童需要走动。于是，他们在家里开辟了一个安全娱乐区，设置了柔软的攀爬结构，经常与戴维在里面嬉闹、滚动和扭动。虽然住的是公寓，父亲和戴维每周在此团聚 3 天，他每天都会带着戴维去附近的游乐场，让他尽情奔跑，荡秋千和攀爬。父亲希望鼓励戴维的好奇心和学习兴趣，为孩子创造了大量机会，让他开关玩具，挖坑和填坑，洒水和投掷，整理和推拉物品。虽然每天将各种盘子和塑料玩具放回橱柜非常麻烦，但是父亲希望孩子开发超常思维，所以他尽可能地避免拒绝孩子的要求，尽管他为戴维提供了指导并确保他的安全。

戴维的父母为他需要学习的众多日常生活规则，提供了一种充满耐心、重复和循序渐进的脚手架式指导。他的母亲还控制住冲动，鼓励孩子所做的努力。这意味着，她能够克制讲话的冲动，紧握自己的双手，当孩子试图探索某种事物或者掌握某种技能时，避免过多干预。相反，她坐在戴维身旁，充满兴趣地注视着戴维；当戴维看着她希望得到帮助时，她会认可孩子所做的努力。当戴维在形状分类器上无法让圆筒穿过方形孔时，她会认真观察："它的形状不适合那个孔……嗯……"当戴维尝试其他孔并惊喜地发现有一个可以穿过，她会分享孩子的快乐。

为什么一定要留在孩子身边？如果妈妈没有"做事"，她为什么不到另外一个房间洗碗，或者在娱乐室的孩子身边使用电脑？当然，有时她的确可以这样做。学步期儿童没有必要一刻不停地看护。在我们旁边没有和我们交流的情况下，学会专注于自己的活动，是学步期儿童的一个重要成长任务。当他们专心做事时，我们只需以目光关注表示鼓励，并可以短时间离开，不与他们进行交流。但是，这位母亲的确在做事，她在向孩子示范镇定的品质。尤其当孩子面对某种事情需要调整挫折感时（"这个过不去"），我们以热情和支持的神态出现在他身边，向他暗示并不存在紧急状况，而且我们相信他可以解决目前的问题，将对他很有帮助。如果他需要我们的帮助，如果我们说"嗯……形状不对……我想，是不是那个孔可以呢”，这样做是不是错误的？不，当然不是错误的。但是，你可以想一想，你独自解决问题和他人提供帮助的感受对比。当你自己解决问题时，你会真正学习、感到满意和充满信心。当然，当孩子真正需要帮助时，我们也会帮忙。在孩子向下一步迈进的过程中，我们尽可能少地提供帮助。

和所有学步期儿童一样，戴维具有强烈的“自己做”的愿望，渴望发展自主性。有一段时间，为了验证自己的力量和“响应能力”，他对每个问题的回答几乎都是“不”。他经常进行试探，面对父母以前禁止的事情，他会观察他们的脸色，判断限制是否是刚性的。当他感到疲倦以后，他的情绪有时会控制他正在发育的额叶皮质。有时，他会躺在地板上，大声哭闹。但是，随着掌握的词汇越来越丰富，他能更好地理解和表达自己的经历，更好地控制自己的情绪。由于戴维的父母经常为他提供合适支持，尊重他的选择。当他们必须设定限制时，又会表达出对孩子的理解。戴维相信，爸爸妈妈支持他。因此，他不会像众多幼儿一样，顽固地反对父母。他总是设法利用更为有效的策略把握自己，把握自己的世界。他相信自己有能力处理遇到的事情，相信父母会支持他。总之，戴维正在发展自己的自主能力。

学前期（3–5 年）：通过解决问题，实现自我进步

斯坦福大学的瓦尔特·米舍尔（Walter Mischel）设计的一份著名儿童发育研究发现，当年幼儿童可以选择一个或两个饼干时，他们总会选择两个。米舍尔告诉接受研究的儿童：“这个盘子上有一块饼干，你可以够得着。我需要离开房间一会儿。如果在我离开时你不吃，我回来后会再给你一块饼干。如果你等不及把这块饼干吃了，也没有问题，但是你就得不到第二块饼干了。如果你能等，我回来后，除了这块饼干，我会给你再加一块。”

在研究者离开期间，几乎所有学步期孩子都吃了那块饼干。他们无法等待，尽管他们很想得到第二块饼干。同理，在家里，他们也无法总能遵

守你的规则。他们可能非常希望遵守你的规则，但是他们大脑的发育程度还不足以控制自己的冲动，甚至包括实现一个对他们很重要的目标。

即使是学前期儿童，70%的人仍然无法充分控制自己的冲动，避免吃第一块饼干，尽管他们也非常想要第二块。但是，戴维是一个具有高度自主能力的学步期儿童，能够像30%的学前期儿童那样等待。以前经历的所有注意力持续练习和情绪引导，使他能够控制自己的冲动。他知道如何努力，才能实现自己渴望的目标。此外，许多解决问题的经历，也教给了他某些有益的策略。当研究人员离开房间之后，戴维将注意力转移到了其他地方。他满怀渴望地看了一眼饼干，然后离开桌子。他从柜子里拿出他最感兴趣的玩具，聚精会神地玩起来。戴维成功调整了自己的冲动，在研究人员离开房间时，没有吃掉第一块饼干。研究人员返回后，戴维得到了两块饼干。

我必须承认，刚听到这个饼干试验时，我觉得他有点儿残酷。我还在想，我们为什么要如此详细地叙述这个故事。如果一个孩子不想要第二块饼干，结果怎么样？即使孩子能抵制第一块饼干的诱惑，又有谁关心呢？但是，几乎所有孩子都表示，他们希望得到第二块饼干。因此，这个研究的核心问题就变成了，为了实现目标，孩子是否可以控制自己的冲动。饼干试验的重要性在于，它告诉我们接受测试的孩子的额叶皮质是否充分发育，是否可以控制自己的情绪、焦虑和冲动。如果一个孩子成功地通过了试验，说明他已经具备了自我控制能力，有能力管理自己的世界。研究表明，如果4岁的孩子能够抵制住诱惑没有吃第一块饼干，就会在学校表现优秀，与同伴相处良好，父母也认为他们更易于配合。他们更善于集中精力，抵制干扰。随着年龄的增加，他们表现得更有能力、更有信心、更加快乐。在SAT考试中，他们的平均得分高于200分。由于他们平时表现优秀，更善于调整自己的焦虑，所以这种结果一点儿也不奇怪。我们很容易理解，冲动控制为什么可以帮助孩子培养责任感，表现更为出色。由于他们可以调整自己的情绪，所以能够控制自己的行为。

几乎所有孩子最终都会充分发育，额叶皮质强化他们的神经通道，控制焦虑和调整情绪，抵制住第一块饼干的诱惑。相关内容，我们已在情绪引导中进行了讨论。如果父母能够控制自己的焦虑，指出孩子的情绪，就能帮助孩子更快地实现这种相对成熟的目标。如果孩子经常尝试解决问题，试图控制自己周围的世界，也可以培养这种自我调整能力。能够抵制第一块饼干诱惑的儿童，也能更加有效地将注意力转移到其他事情上。下面，我们分析一下，学前期儿童父母如何利用脚手架支持，帮助孩子培养解决问题的能力。

1. 示范。“我在想，这把钥匙如何使用。你是否愿意帮我在前门和后门试一试？”

2. 提供工具和策略。“如果两个人分一块蛋糕，怎样分才公平呢？如果詹娜分为两块，雅各布决定谁吃哪一块，怎么样？”

3. 排序。“到幼儿园以后，我会给你读一篇故事。然后，我们去找你的朋友克里斯多弗，然后你和他一起玩积木，我便离开。”

4. 为情绪调整提供支持。“你感到很灰心。来，我给你拿着这边，你来推那边，把它摆好。”

5. 提醒。“我们必须把弄乱的东西整理好。来，我们去拿纸巾，我来帮你。”

6. 鼓励。“你自己穿鞋好像有点儿困难……我喜欢你不断努力，不要放弃！”

所有这些脚手架性质的支持，从孩子学步期便要开始实施，一直持续到学前期，帮助他们控制自己的世界。对于学前期儿童，我们还要鼓励他们解决更高层次的问题。作为父母，这要求我们放弃某些控制，鼓励他们利用所有机会发展自主能力。例如，3 岁的伊桑希望喝水。他的父母在厨房里放了一个凳子和不会摔碎的杯子，以便伊桑需要时自己取水。对于伊桑来说，这并非一个简单的任务。他必须停下来好好想一想，到底往哪边拧才能打开水龙头。但是，为了喝到水，他必须解决这个问题，并从中获得许多乐趣。他会不会把水洒到地上？是的。为了培养孩子的自立能力，不必每次为他取水，这是父母必须面对的一个小小的代价。他甚至会尝试着自己打扫卫生。

同样地，哈利的父母告诉她，她可以自己管理衣物。父母在她的衣柜中仅摆放了应季衣物，所以这个 4 岁的小女孩可以挑选自己要穿的衣服。她的格子衣服是否和头饰冲突？当然。但是，她的父母会避免与其争论，给这个 4 岁的小女孩相当程度的自主权。她学会了穿哪件衣服更合适，以及如何自己穿戴。

吉拉喜欢穿红色衣服，但是妈妈把它挂在了衣柜的高处。妈妈对吉拉说："你能不能想一想，如何把衣服取下来？"这个勇敢的 5 岁小女孩从卫生间拿来小凳子，蹬了上去。她能摸到衣服，但是没法摘下来。但是，吉拉并不气馁。她从妈妈的办公桌旁拿来椅子，爬了上去。成功了！吉拉一直在尝试不同做法，最终找到了有效解决办法，这就是基本的自主能力。

你可能已经注意到，孩子发展自主能力要求父母必须克制干预的冲动，即使多花一倍的时间，都要让孩子"自己做"。不过，父母也可以向孩子直接传授技能。卡梅伦的母亲希望帮助 3 岁的儿子学会控制冲动，所以她与孩子一起玩一些有趣的游戏，帮助他练习。例如，"红灯，绿灯"和"妈妈，我可以吗？"当詹姆斯搭建的高楼倒塌以后，爸爸会帮助他建造更大尺寸的基座，以便支撑他的摩天大楼。当艾玛不得不在参加朋友的生日聚会和姐姐的朗诵会之间做出选择时，妈妈会帮助她一起思考。

这些支持对自主性的形成有什么作用？自主性的形成，取决于我们评估问题、思考方法、尝试策略、控制冲动和情绪解决困难的能力。从3岁孩子试图建造高楼大厦，到4岁孩子与伙伴讨论玩哪一个游戏，再到5岁孩子热衷计算机游戏，如果他们希望控制自己的世界，这些孩子必须学会自我管理。

到6岁时，孩子的大脑实现了另外一次飞跃，理性部分开始起主导作用，孩子进入自我管理阶段。

小学期（6–9岁）：探索激情

童年中期……是认知创造和树立志向的重要时期。此时，孩子的大脑容量与成年人几乎没有太多差别，能够集中精力构建大脑的“内部网”服务——包括组织、放大、解释数百亿突触连接，确保大脑细胞正常通信。

——娜塔莉·安吉尔（Natalie Angier）

大约6岁时，肾上腺开始向大脑输送DHEA和其他激素，标志着肾上腺机能出现或童年中期开始。大脑随之发生的变化与理性思维的大幅提升存在联系，包括控制情绪冲动、计划和评估后果的能力。这些能力的成熟，将继续延续至成年早期。但是，与更小年龄段相比，6岁的孩子已经能够更好地利用理性思维进行自我管理。虽然大脑已经不再增长，但是神经系统仍然很有弹性，还在适应各种技能：阅读、算术、语言、体能、音乐、价值，甚至习惯。在大脑从容量增长到自我组织的转变过程中，孩子获得了实现重要目标所需的自我控制和决心。虽然到十多岁时，他们的兴趣会发展变化，而他们探索的信心与自主的热情从此时开始成形。这一时期，孩子们可以承担与年龄相适应的责任和自我保护，从而获得做出贡献和实现自主带来的快乐。从5岁到9岁，孩子们开始认为自己有了自主的能力。

现在，我们分析父母如何在婴儿时期为孩子提供脚手架支持的基础上，鼓励小学阶段孩子获得自主能力。

1. 示范。你一直向孩子示范的情绪自我管理和“如何做”策略，现在已经变得更为复杂。此时，你需要以明确方式指导孩子获得更加复杂的技能，包括如何拒绝社交邀请，如何处理繁琐的家务等。

   在这段关键时期，你应该开始尽可能清晰地向他示范你的价值观：“我有点儿羡慕那位成为足球教练的家长，我还只是助理教练。但是，我有肚量，所以我会真诚地向她祝贺。无论处于何种职位，我都会尽力做好。我会认真协助她训练，我会竭尽所能。”

   价值观与自主性有什么关系？价值观决定着我们的世界观，以及我们的行为举止。这些价值观包括精神教育等我们珍惜的事物，以及诚实等我们认为重要的品质。某些价值观——热爱学习、倾听内心、刻苦工作、坚持不懈、好奇和娱乐——都直接影响着自主能力的发展。通过观察我们的所作所为，并对我们珍重的生活问题得出结论，孩子可以学习这些价值观。无论我们有意识地向孩子传授何种价值观，通过观察我们的行为，他们都能理解，并培养他们自己的价值理念。如果你告诉孩子，足球的内涵在于娱乐、技巧、锻炼和团队合作（同时也是自主性的特点），但是你提出的第一个问题却是谁赢得了比赛，孩子就会认为胜利才是真正重要的。

2. 提供工具和策略。由于童年中期大脑发育和自律精神的建立，使这一时期成为帮助孩子养成良好习惯和策略的最佳阶段，这些习惯和策略将影响他们的一生。要从日常活动和生活方式两方面考虑，前者包括做家务和写感谢信，后者包括面对困难坚韧不拔的精神，探索的好奇心，乐观认识世界的品质。这些习惯都有助于自主性的培养。

3. **排序。**“和每天一样，首先吃东西，然后做作业，最后出去玩。永远要先做作业，然后才能玩。”除了帮助孩子学习自我调整，建立积极高效的生活习惯，安排时间还能帮助他们培养“行政”技能，包括基于某些标准进行规划、组织、贯彻、完成任务等。虽然有人天生善于处理这些问题，但是日常活动和其他形式的时间安排，都有助于孩子培养这些能力。

4. **情绪支持。**上小学以后，孩子乱发脾气的现象会逐步减少。我们可以调动更高层次的大脑功能，帮助他们重新理解情绪调整问题。我们通过一个实例进行分析。扎克刚上二年级，他发现家庭作业越来越难做。因此，他不愿坐下来专心学习，还经常大喊大叫，甚至泪水涟涟。某些专家建议，父母不要和孩子发生争执，让孩子自行承担责任，完成老师布置的作业。但是，扎克的父母认为，孩子需要帮助。他们首先要帮助他控制好情绪，然后他才能专心学习。简单退出只能意味着不负责任。他们利用情绪引导章节提供的工具，通过周末娱乐活动强化联结，提高孩子对他们的信任。然后，在星期一，当父亲再次提醒扎克做作业并遭到拒绝后，爸爸以玩笑方式拉住他：“到这里来，你这个永远不做作业的孩子，就是你！我们必须做作业！”最后，爸爸盯着儿子的眼睛，和蔼而又坚定地说：“好了，扎克。我们不闹了。现在，你应该坐下来，开始写作业。”扎克生气地流下眼泪。扎克大声吼道，他讨厌愚蠢的作业、愚蠢的老师和愚蠢的爸爸。此时，爸爸一直坐在他身边。当扎克捶胸顿足时，爸爸说：“哇，小朋友，我可不希望你的手靠近我的脸。来，我伸出手，你来推吧。”如果扎克说：“我不要你的手！”他会试图推开它们。最后，扎克倒进爸爸的怀里抽泣起来。5分钟后，他抬起头来。“爸爸，我不会做那些作业。我太笨了！”

无论扎克是需要佩戴眼镜，还是需要额外帮助才能顺利阅读，作业都是他必须解决的问题。更为重要的是，扎克学会了如何面对情绪问题，这正是所有孩子取得进步的障碍。随着时间流逝，孩子会适应自己的感受，可以克服各种障碍，不再挣扎，勇敢面对恐惧。直面恐惧对于解决问题至关重要，同时也能帮助我们在情绪上有信心确立自主性。

5. **提醒**。由于我们发现孩子的能力已经大大提高，我们便会希望他们做得更好。因此，我们会对不得不经常提醒他们感到失望。需要注意的是，希望孩子在时间安排上与我们保持一致是不现实的。我们知道，每天都应该刷牙。但是，在任何时刻，他的日程中可能存在10件需要处理的事情，而且这些事情对他来说更有吸引力，更为迫切。如果你的孩子很容易培养根深蒂固的习惯，你可能不必提醒他刷牙或挂衣服等日常琐事。但是，你也会发现，需要改变时，他缺乏灵活性。大多数孩子都这样。在巩固习惯的过程中，他们需要你给予长期的耐心提醒。这是你作为父母的职责，你最好设法接受并享受这一现实，而不是闷闷不乐。

6. **鼓励**。随着孩子的思想越来越复杂，向他提供有益的信息也会变得越来越困难。下面是一个6岁孩子经常提出的问题，我们看看大多数父母如何回应：

佐伊：妈妈，看！你喜欢我的画吗？

妈妈：我喜欢！

佐伊：你喜欢？你喜欢我画的树吗？

妈妈：非常棒！

佐伊：（端详着树木）我猜……这是一片女巫森林。

妈妈：真棒！

佐伊：你能把它挂起来吗？

妈妈：当然，不过要等我做完饭。

佐伊：好吧……我要再画一幅。

佐伊又用了两分钟，重新画了一遍。

佐伊：妈妈，看！你喜欢这一幅吗？

妈妈：很棒！

佐伊：（气馁地端详着自己的作品）我不喜欢它……它不好。

妈妈：它当然很好！不要说那样的话！

佐伊：我是不是一位优秀的画家？

妈妈：当然，亲爱的。你是一位伟大的画家！在我做完饭以后，你是否还想多画几幅？

佐伊：不……我累了，我厌倦了……我可以看会儿电视吗？

佐伊的妈妈在努力表扬她的女儿，向她提供积极反馈。但是，佐伊获得了什么印象？每当她画完一幅画并向妈妈展示时，她都能得到妈妈的一番赞扬，获得某种快乐，但是这种快乐并非来自她的作品。她不能相信自己的判断，心怀善意的妈妈会代替她做出判断。她的妈妈无法集中精力讨论作品的内在世界（此例为女巫森林），无法了解内在世界对佐伊的激励或恐惧作用。虽然她对自己所画的树木心存怀疑，妈妈却认为她是一位出色的画家。或许，她的妈妈不了解艺术，无法为她提供帮助？结果，佐伊产生了怀疑，认为自己不能画树木，而且也不知道如何学习作画。于是，她得出的结论是，她最好不要继续尝试，否则只能证明她的无能。为了保住“优秀画家”荣誉的心理，反而伤害了她的绘画兴趣。当然，佐伊妈妈的做法正是大多数父母的回应方式，积极鼓励自己的女儿。她对孩子的天赋感到骄傲，而且孩子的天赋也的确不同凡响。如果她知道，她的做法正在扼杀孩子刚刚萌芽的绘画兴趣。不幸的是，在技能方面没有获得信心的孩子，会开始回避探索和练习，转而关注相对肤浅的（回报也较低的）电视娱乐项目。这个例子中的佐伊就是如此，她决定不再作画，开始看电视。

相比之下，格蕾丝母亲的反应体现了更多思考：

格蕾丝：妈妈，看！你喜欢我的画吗？

妈　妈：我注意到，你用了很长时间画那幅画！向我讲一讲。

格蕾丝：这是一个女巫生活的森林。

妈　妈：哇！

格蕾丝：她是一个卑鄙的女巫。但是，如果你一直留在路上，她就对你无可奈何。

妈　妈：就是说，在森林里也有保证安全的办法？

格蕾丝：是的，看，这就是道路。

妈　妈：真是太好了。那个女巫吓人吗？

格蕾丝：当然，她是女巫。你喜欢她吗？

妈　妈：我喜欢看你画画。你画得非常专心，你看起来很喜欢画画。你喜欢女巫吗？

格蕾丝：我喜欢那条道路。这条路很好走，能够保证安全。但是，那些树木不太好看。我只是画了圆形的树冠。树木很难画。

妈　妈：是的……树木的确不好画……有许多画家终生都在创作树木的作品。下次去博物馆时，我们可以看一些这样的作品，好不好？我们可以看看不同画家是如何画树木的。不过，你用哪种方式画它们都可以。而且，你可以尝试不同方式。

格蕾丝：好的。我要画一幅新的，重新画我的树木。

妈　妈：（微笑）看到你不断练习自己喜欢的东西，我非常高兴！

格蕾丝学到了什么？她妈妈非常重视“精力集中”，并从中获得快乐。妈妈对她内心的女巫形象产生了兴趣。妈妈欣赏她所做的工作，但是没有对作品进行评判。即使技艺精湛的成年人都需要不断练习。孩子的作品与博物馆悬挂的作品产生了某些联系。她可以尝试不同绘画方式，并能以自己喜欢的方式创作。是否继续练习由孩子自己选择，但是练习可以让她获得期望的结果。通过创作，她可以与人分享自己的精神生活，并从中获得快乐。格蕾丝正在探索自己独特的天赋，不断磨砺，与他人分享创作的快乐。她已经踏上了发展自主能力之旅。

自主性的基础

鼓励自主性

当孩子从追求兴趣、克服不可避免的挑战，并从中获得乐趣时，就会产生自主性动机。除了无条件的爱、尊重和脚手架支持以外，如何帮助孩子发现自主的乐趣呢？

☆ **肯定快乐本身的价值。**自主的主要目的并不是为了追求成就。自主的目的，是为了从探索和学习中获得快乐，鼓励孩子不断努力，掌握某种技能。枯燥会让孩子失去发展自主能力所需的快乐。如果他喜欢游泳，允许他练习，为他提供支持——但是，不要过分投资，希望他将来能参加奥运会，或者从中获得所有快乐。要根据孩子的具体状况而定。

☆ **肯定孩子影响世界的能力。**力量感对发展自主能力是必不可少的，它源自孩子影响世界的经历。“如果我站在凳子上，就能按动这个电灯开关，让房间亮起来！”所有孩子也都会体验自己的能力限制（“我无法让雨停下来，妈妈也做不到”）。但是，他对世界实施影响的机会越多，对自己的能力就会越发自信。

☆ **帮助他处理挑战，培养自信。**知道你在身边，他的信心就会增加。如果你取代他或者告诉他如何做，你就在向他暗示，他还不具备足够的能力。不要担心孩子是否做得好，如果他今天愿意做并感到兴奋，他就会继续做下去，将来会做得更好。

☆ **鼓励孩子所做的努力，不要过分注重结果。**“哇！你没有放弃！”或者“你就要成功了！”当然，他的“作品”并不完美。他还是个孩子。即使他的作品相当出色，但永远不能成为你关注的焦点。你不希望他在6岁或16岁时，便躺在荣誉簿上不思进取。你的目标是鼓励他不断尝试、改进，让他明白艰辛的努力会给他带来满意的回报。

☆ **自我鼓励指导。**《育儿杂志》(*Mothering Magazine*)的佩吉·奥玛拉(Peggy O'Mara)说：“我们对孩子的讲话方式，将成为他们内心的声音。”当孩子遭遇困难时，利用谚语给予鼓励。“熟能生巧”，“如果未能成功，要坚持练习”，这些都是经过时间检验的名言警句，在我们遭遇挫折时，能够给我们巨大的鼓舞作用。如果你的女儿在满垒时三打未中出局，她的内心需要有一个安慰的声音，鼓励和鼓舞她。否则，失望之余，她的内心便会充满严厉的斥责。与许多人内心自动出现的自我斥责相比，这种积极的内心谈话将提升他们掌控困难任务的能力。

☆ **帮助孩子探索自己的爱好。**与成年人一样，当孩子追求某些他们认为重要的事物，而非我们为他们设定的目标时，他们也需要动力。孩子需要通过自我激励发现自己的爱好，但是在成年人看来，他们的行为只是在浪费时间。孩子的爱好会随时间发生变化，但是无论如何，你都应该尊重他们的选择，这就是他们的工作。如果你希望孩子积极主动，不要没完没了地参与，你只需为他的兴趣提供支持。

如何培养毅力？

过去，有些专家经常建议父母退居幕后，让孩子自行寻找适合自己的道路，不要“娇生惯养”。这种将孩子扔进游泳池的做法，的确迫使许多孩子从狗刨开始学起。但是我想，即使一位奥运选手，也不会从这种近乎溺水的经历中获得任何乐趣。

相反，溺爱孩子的家长，经常匆忙干预，帮助孩子解决问题，避免让他们遭遇痛苦经历。但是，这种做法会阻碍孩子独立探索，而独立探索正是拥有独立性的关键因素。

那么，如何以折衷方式培养孩子的毅力呢？

☆ **认可孩子的努力价值，将其视为学习机会。**任何努力都不应遭到否定。通过努力，我们可以锻炼自主的“肌肉”和信心，为跨越下一个障碍做准备。

☆ **充分准备，避免失败。**为孩子提供脚手架支持，帮助他们取得成功。如果你预测孩子即将失败，你是采取干预，还是让他“获得一个教训”？这永远是一个艰难的选择。帮助孩子，可能阻止他们获得重要的教训。但是，如果孩子看到父母站在旁边不提供帮助，就会认为父母不爱他们。他们不会认为，他们应该练习单簧管或者阅读科学工具包上的说明，而是觉得他们还不够聪明，不够智慧，不够优秀，他们的父母不够关心他们，不会帮助他们解决问题。

☆ **支持，但不"救助"。**如果在科学展览到期前一夜你接管过来，这种做法比救助还要糟糕。你的儿子会认为，当他一味玩耍耽误了作业，你会在最后时刻挽救他。他会认为，他的能力不够。但是，如果你自始至终帮助组织想法和工作，但是拒绝由你改进项目的冲动，孩子就会非常骄傲地完成整个任务，学习如何规划和实施一项复杂工程。

☆ **帮助孩子从失败中汲取教训。**一个非常流行的错误认识是，孩子可以从失败中培养毅力。事实上，如果孩子经常失败，而且看不到出路，他们就会认为自己无法成功。只有孩子成功地面对失败，获得两种认识："我已经知道如何做，才能避免下次失败，而且我能够做到"，"无论发生什么，我都能处理"，这时他们才能培养毅力。

☆ **当孩子遭遇挫折时，要予以理解。**的确，孩子需要经历失望和泪水，知道明天太阳还会升起。但是，如果父母给予大量支持，这一过程就会获得最佳效果。这会让他们坚信，你永远在他们身边，支持他们，使他们敢于尝试失望，度过难关。换言之，培养坚韧不拔的毅力。

提供建设性意见

孩子需要我们经常对他们予以肯定。有时，我认为孩子就像小小的盖革计数器，将我们的积极肯定理解为对他们的关爱和保护。事实上，由于孩子的成长依赖于我们对他们的持续付出，整个过程犹如一份逐步演变的保险单。

但是，持续不断地对他们表示肯定和无条件的爱，并不意味着对他们始终表扬。传统的表扬方式，“干得好……我真为你感到骄傲……这幅画真漂亮”，取决于我们对孩子进行判断的标准。研究表明，经常接受这种表扬的孩子认为，他们一直在被他人评判。于是，他们越来越不敢表达自己的想法和意见，唯恐自己达不到评判标准。相反，如果他们为自己的行为和成绩感到骄傲，就会渴望得到认可。表扬会扼杀他们主动取得成就的快乐，使他们依赖他人的情感施舍。

更为糟糕的是，只有当你在现场监督时，表扬才会起作用。例如，当孩子与人分享并得到表扬后，除非有成年人监督，否则他们以后与人分享的程度就会减少。显然，他们从你的表扬体会到，任何思想正常的人都不会仅仅基于心地善良与人分享。

还有一个流行的观点认为，奖励孩子会损害他们获得成就的快乐感受。例如，由于成绩优秀获得金钱奖励的孩子将不再喜爱学习，而是一味追求金钱回报，甚至可能采取欺骗手段。表扬也是一种奖励，所以也会产生类似效果。如果孩子吃蔬菜受到表扬，他们就会认为蔬菜并不好吃；如果孩子因为阅读受到奖励，就会认为阅读本身不会带来好处。对于这两种情况，他们会认为，“只要做了，就一定会受到奖励”。因此，具有讽刺意味的是，当表扬过多过滥时，表扬会阻碍积极行为的进一步发生！

但是，这并不意味着，你不能积极地、快乐地和频繁地肯定孩子的表现。事实上，只有通过你的肯定，孩子才能茁壮成长。关键在于，无条件的奖励——每次看到孩子，就表扬他、他的行为、他本人，表达你对他的爱——而不是以有条件的表扬对他进行评判。

我们通过实例进行分析。假设孩子在玩拼图游戏，我们应该如何做出反应。许多研究人员发现，如果孩子成功完成了拼图，我们便说他非常聪明，他就会刻意避免更为复杂的图案。他不想继续冒险，让你认为他不够聪明。他非常清楚，聪明人不会被拼图难倒。善意的表扬很容易让孩子刻意避免证明他不够聪明的局面，例如，学习新技能。

如果不给孩子贴标签或者进行评价，只是和他们保持联结，利用我们的共情能力，主动出现在他们身边，关注他们，享受温暖的联结，这样做怎么样？我们应该如何表达？

☆“你真的非常喜欢那个拼图……你又拿出今天的第一个拼图了。”（情感共鸣）

☆“你在尝试各种不同的拼块，看看哪一个适合那个地方。”（关注他的活动，让他明白你的关注和赞许。这里，我们还要明确陈述孩子在使用的策略，让他进一步认识自己的行为，帮助他判断这个策略是否有效。）

☆“我喜欢和你一起拼图！”（表示你喜欢和他一起完成任务或项目）。

☆“有点儿沮丧，是不是？但是，你很快就要成功了！”（有效鼓励。相比之下，如果我们为他演示，就相当于说他没有能力解决当前的问题，从而伤害他的自信心。）

☆“你成功了！你将所有图案都拼好了！你肯定感到非常骄傲！”（我们在表达他取得成功的喜悦，并没有说我们为他感到骄傲。后者意味着，我们也可以不表达这种骄傲。相反，我们说他对自己感到骄傲，对他进行鼓舞，他可以采取行动，实现令他感到骄傲的结果。）

“你在非常努力地拼图”，这样说是否合适？这是一种明确判断——我们要让孩子明白，这样做很好，尤其我们经常这样评价时，效果更佳。

你会注意到，我们选择的每一个词语都能向孩子表达我们的价值观。因此，我并不认为，我们的所有反馈都是客观的，而且我也无法肯定这样做是正确的。毕竟，我们只是孩子的领路人，我们希望向孩子传递某些特定的价值观。就我而言，享受努力工作的乐趣，实现优秀的工作效果，是其中的一个价值观。事实上，研究表明，当我们对孩子的努力进行评论时——“你在非常努力地工作”——他们就会更加努力地工作，获得更多乐趣，要求从事更加困难的任务。我想，这是因为孩子都非常喜欢成功，征服所有遇到的任务。当他们注意到，他们在活动中的某些行为能够让他们更加成功时，就会进一步选择这些行为。

请注意，我们要让孩子自己决定，是否希望重复某种行为。我们并没有说，“好女孩会努力工作”。这意味着，如果她希望休息一会儿，她就是个坏孩子。如果你在她的童年经常这样评论，她就会成为一个工作狂，不会呵护自己。相反，她自己会注意到专心工作（在我们评价的基础上）和拼图成功之间的联系。她会自己决定如何使用这种联系信息。我们的评论是鼓励性的，以具体观察为基础（“你在努力工作”），而不是评判或全局性评论（“你是个好女孩，你工作非常努力”，或者“你总是非常努力地工作”）。

你是否还在思考表扬和赞许之间的差异？和其他人一样，孩子也希望得到关注和赞许。孩子希望听到你真实的感受。可能存在的危险是，她会认为，只有按照你的做事方式，她才是优秀孩子。

☆ **表扬式评价**：“在商店你帮我拿东西，真是个好孩子。”

☆ **赞许式肯定属于第一人称表述**，表达你的真情实感，让他知道他的行为对你的影响，向他表示感谢，从而起到鼓舞作用：“在商店你帮我拿了东西，谢谢你……购物和回家之后，我感到很累，我很高兴你能帮我拿东西。”

如何避免“直升飞机式”教育？

成年人为什么要代替我们做一切事情？

——一个5岁孩子

什么是直升飞机式父母？总是高高在上，很少动手的父母。

事实上，没有人希望成为直升飞机式父母。但是，育儿是世界上最艰难的事情，所以大多数父母都会感到困惑。我们希望对孩子的要求做出反应，但如何回应的确很棘手。具有讽刺意味的是，我们的许多过度回应损害了孩子的健康发展。

是否有一个指导框架，让我们知道什么是合适的回应方式，什么是直升飞机式教育？有。多年研究已经表明，孩子需要何种教育，才能成长为快乐、坚强和自信的成年人。事实上，导致直升飞机式教育的原因并非是我们对孩子的关心，而是我们自身的恐惧。下面叙述的方法，可以帮助父母，包括最坚定的直升飞机式父母，避免忧虑驱使下常犯的错误。

过度保护

当孩子攀爬障碍时，你忍不住大呼小叫，这可能缓解你的紧张，却会影响孩子的信心。你只需问他是否可以保证安全，然后注意关注就行了。深呼吸，微笑，惊呼，“哇，瞧你！”如果他要摔倒，你会在旁边拉住他。这样，才能鼓励他进行新的尝试。

过度反应

当我们忧虑时，我们经常迫切地感到要采取行动。这可以缓解我们的忧虑，却不一定带给孩子们需要的东西。所以，进行干预前，首先要了解和调整我们自身的情绪。然后，我们应该意识到，孩子真正需要的，是与我们进行一点儿角色扮演练习，分析如何与他的棒球教练打交道，而不是由我们拿起电话，直接与教练交流。

过度控制

没有哪一位父亲希望，对儿子取得棒球成功的投入比他本人还要多。也没有哪位陪女儿演出的母亲希望伴她终生。这令人感伤。但是，每位父母都或多或少地存在过度控制孩子的经历，从使用厕所开始，一直到他们上大学。如果学前期孩子扣错了扣子，你是否想为他重新扣一遍？你是否支持 6 岁儿子对足球的兴趣，却认为他的绘画爱好过于幼稚？你是否允许 9 岁的女儿放弃钢琴学习？请问，这到底是谁的生活？

过度安排

自由安排时间，让孩子有机会想象、发现和创造。如果我们为孩子过度安排，严格规定活动内容或电子娱乐时间，他们就永远不能倾听自己内心的波澜，他们也就不会研究人行道上的小虫子，用泥巴做一个怪物，或者组织邻里的孩子排演一部电影。我们内心的这些愿望使我们拥有激情，让生活更有意义。如果我们花时间剖析自己的内心世界，即使在童年初期，我们也会拥有激情。

过度严厉

你可能希望孩子上哈佛。但是，需要付出何种情绪代价？孩子需要通过积极探索和玩耍学习，这是人生创造和幸福的基础。如果你的孩子在 4 岁便学习阅读，你可能感到骄傲。但是，研究表明，以游戏为主的幼儿园和以专门学习知识的幼儿园相比，在前者上学的儿童学习成绩更好。同样，如果你强迫上小学三年级的孩子努力争取优异成绩，确保他上名牌大学，他的人生幸福感将大幅降低。如果他感到羞耻或不够优秀，你具有不可推卸的责任。

你是否注意到，过分呵护没有列入列表？这是因为，世界上并不存在过度联结、支持和关爱的情况。直升飞机式教育源自父母的恐惧心理，呵护源自关爱。我们所做的每一个选择，从本质上讲，都是针对关爱或恐惧的行动。请选择关爱。

如果孩子没有自然发展自主性怎么办?

人类天生好奇，因为学习可以增加生存几率。同样，人类天生需要追求目标，“追求”回报可以促使大脑释放多巴胺。因此，儿童天生渴望自主性。也就是说，他们探索、学习、练习，对感兴趣的事情乐之不疲。有些父母告诉我，他们的孩子过于懒惰或缺乏动力，但是我不相信有所谓懒惰的孩子。通过简单对话，我们总能发现孩子缺乏动力的一个或多个深层原因：

- ⊙ 孩子拥有学习障碍。
- ⊙ 父母要求孩子学习他非常不感兴趣的东西，比如钢琴，他们只是屈服父母的压力而已。
- ⊙ 孩子与父母陷入了对峙状态，利用一切可能和父母对着干。
- ⊙ 孩子与父母缺乏沟通，整天围着小伙伴转，他们都不喜欢学习或父母为他们确定的其他目标。
- ⊙ 孩子存在压抑感。
- ⊙ 孩子渴望完美、心情焦虑，担心发生错误。
- ⊙ 孩子的天生兴趣得不到父母的认可和支持（例如，知识分子家庭不喜欢孩子的运动热情，反之亦然）。

不论哪一种情况，我们的三大理念——自我调整，建立联结，引导而非控制——都会帮助父母支持孩子追求一种有益的解决方案。首先，父母必须解开自己焦虑的心结（自我调整），他们才不至于给孩子进一步增添压力。其次，强有力的联结，使孩子能够解决与问题有关的负面情绪，为他们提供动力，追求父母推崇的目标。例如，在学校成为一名优秀学生。再次，引导而非控制，可以帮助父母支持孩子探索自己的兴趣。如果父母要求孩子追求某种他并非天生喜爱的东西，而且没有商量余地——例如，家庭作业——父母就应该借助创造性思维，考虑孩子需要何种动力，才能在困难局面下实现突破。

下面，我们分析如何帮助一个桀骜不驯的孩子，培养自主的学习能力。亨利是一个非比寻常的孩子——非常活跃、精力旺盛、坚忍不拔、敢于挑战。他的父母开玩笑说，他的大脑无法像其他孩子那样运转——他的头脑中总会迸出异样的火花。让他坚持完成任务几乎是不可能的事情。不过，亨利也非常可爱，很惹人喜欢。因此，他的幼儿园老师很喜欢他，尽管他总是在房间内跑来跑去，忘记老师要求他做的事情。上了一年级，他的老师很快便对他失望了，并建议家长带他去检查注意力缺陷/多动症（ADHD）。

亨利的父母决定，推迟使用医生建议的药物，用一年时间在家尽力照顾他。亨利的父亲肖恩一直遭受 ADHD 的困扰，在学校的许多经历损害了他对学习的自然兴趣。此时，肖恩正好待业在家，他决定利用这段时间专心照顾亨利，指导他管理 ADHD 的症状。

首先，当亨利感到心情抑郁时，肖恩利用嬉戏、拥抱和理解，与亨利进行沟通。这鼓舞了亨利，促使他非常努力地专注学习，希望让父亲高兴。肖恩和亨利坐在一起，教他阅读和算术，但以亨利为主，设法让他兴奋，当他开始犹豫时，为他提供指导。肖恩阅读了一篇文章，获悉多动症儿童为动觉学生，在教室中通过听觉和视觉学习时存在障碍。肖恩鼓励亨利学习期间可以转动。亨利发现，当他一边跳绳，一边拼写或做算术时，记忆效果会更好。他们还尝试了其他不同的搭配方法，直至亨利能够更加自如地管住自己，有时甚至能够独自完成学习任务。

肖恩发现，亨利对工程和建筑特别感兴趣。当亨利从事这些活动时，似乎更愿意保持耐心和细心。于是，肖恩将学习内容集中在这些方面，在此基础上教他算术、阅读和历史。他找到了亨利的学习动力，他们惊喜地发现亨利的学习水平已经超过了同年级学生。

肖恩还尝试了其他方法，支持亨利进行自我管理。他找到了一个训练中心，通过生物反馈和视频游戏，开发亨利的注意力水平。此外，他还聘请了一位顾问，帮助亨利开发社交能力。为了向亨利提供更多机会，帮助他了解社交规则，肖恩为儿子申请了一些低调的运动队和班级活动。亨利发现，每天进行积极的户外活动，能够有效改善他的心理感受。他们尝试了各种类型的音乐，帮助亨利放松和集中精力。

在寻找有助于儿子集中精力和自我管理的策略期间，肖恩找到了一些新研究资料。这些资料证明，通过改变饮食，孩子的多动症可以大幅改善。经过几个月的饮食试验，亨利冲动、易怒和狂躁的症状大幅降低，不过还未彻底消失。

或许，最为重要的是，肖恩为儿子设定了一个积极框架，使之具有创造性、兴奋性、活力和毅力。亨利的注意力挑战并未消失，他也一直表现得非常活跃。肖恩发现，同样的行为经常让亨利的老师感到失望。但是，亨利上三年级以后，他已经准备好了上父母为他选好的学校。这所学校欢迎他入学，似乎可以支持他的学习方式。亨利的父母继续积极参与他的学习，亨利也学会了如何管理他的多动症，能够与其他孩子一起正常学习。亨利已经顺利地踏上了他的卓越之路，因为他已经学会了自我管理。是否出现了一线希望？肖恩的努力不仅帮助孩子解决了学校的要求，让亨利喜欢上了学习，还打下了他与儿子联结的基础，并将持续终生。

行动指南

创造一个没有责备的家庭

出现问题时，我们都会出现责备他人的欲望，好像责备可以阻止问题的再次发生。事实上，与纠正错误相比，责备只能让所有人神经紧张，更加小心谨慎，甚至导致攻击心理。当孩子受到责备后，他们会找出各种理由，证明不是自己的错，至少他们在心里会这样想。因此，他们不会承担责任，问题也会更容易重复。更为糟糕的是，责备会促使孩子撒谎。责备只是寻找一个发泄愤怒的目标，永远无助于事件的解决。我们还可以说，责备是无条件的爱的对立面。

我们为什么要责备呢？为了缓解失去控制的感觉，以及无法承受我们对事件也负有责任的心理——不论这种责任有多大。下次，当你准备责备他人时，请思考下列方法：

1. 马上停止。如有必要，可以在一句话中间停下来。深呼吸。对现实不再抱有抵触心理，消除责备他人背后的根本动因。我们应该接受现实。与责备相比，以接受现实的状态面对问题，你总能想出更好的解决办法。

2. 尽可能接受责任。强调你的责任是一种好做法——但不能过分自责——甚至包括你的确没有过多参与的情况。例如，当蹒跚学步的弟弟将你 4 岁孩子的城堡弄坏以后，你必须保护年幼的孩子。然后说："哦，宝贝，我刚没在这里帮忙，我感到很遗憾。"事实上，我们应该承担的责任始终要高于我们愿意承认的程度。你承担的责任越大，孩子的抵触情绪就越弱，他在内心愿意承担的责任也就越大。最终，他会明确表示愿意承担责任。（你是否还记得，你的示范作用？）

3. 寻找解决办法。不要挑剔，而是要努力寻找解决办法。你的家庭环境将会更加积极向上，因为你的注意力放在了如何解决问题，而不是挑剔他人的错误上。此外，你还要训练孩子解决问题的能力，采取更加积极的心态，勇于承担责任，改善现状。你还能奢求什么？

培养责任心

我的孩子一直不愿意让我做饭、洗衣或者洗盘子。我为什么不关注他？但是，我很快便意识到，他希望帮忙。他将衣服放进洗衣机，捡起土豆送进厨房，或者为我拿来衣架。当然，有了他的参与，我做事的时间反而会增加。但是，每当我为他分配任务时，他都会兴奋地大叫。结果，我的失望也会越来越少。

——温迪，一个学步期孩子的母亲

所有父母都希望培养有责任心的孩子。我们都希望，这个世界上的其他人也都有责任心。作为公民，成年人不会推卸自己应该承担的责任。我4岁的儿子到公园游玩，看到地上的垃圾时，他说："难道大人们不知道应该清扫自己制造的垃圾吗？"

那么，我们应该如何培养孩子，让他们对自己的选择和对世界的影响承担责任？孩子不喜欢我们一味地溺爱。与所有人一样，他们需要感觉自己对这个世界很重要，他们的一生将做出积极贡献。孩子需要认识自己的责任心——对需要做的事情，做出有意义的回应。责任心可以确保他们的自尊和生活意义，使他们以负责人的方式处理客观世界遇到的问题。归根结底，针对我们提供的脚手架支持，孩子会承担相应的责任。具体怎么办呢？

☆ **为孩子提供机会**，让他们为公共利益做贡献。承认他的贡献，包括帮助父母照看哭闹的婴儿。随着年龄的增长，孩子应该培养两种责任：自我照顾和为家庭做贡献。研究表明，与只关心自己利益的孩子相比，习惯在家帮忙的孩子更容易在其他情况下提供帮助。

☆ **与孩子一起工作**。请牢记，你的责任并不是完成某项工作，而是为了培养一个乐于奉献和勇于承担责任的孩子。要设法让这一过程充满乐趣。尽可能多地为孩子提供组织结构和手把手的帮助，包括和他们坐在一起，并在具体任务的前30次为他们提供帮助。

虽然与孩子一起合作比你独立完成某件事花时间更多，但是最终他一定会养成独立做事的能力。如果他喜欢，这一天会更早到来。

☆ 不要简单地发号施令，鼓励孩子思考。例如，对于贪玩的孩子，不要说："去刷牙！把衣服挂起来！"应该这样询问："上床睡觉前，你需要做什么？"这样做的目的是，让孩子注意时间安排，每晚都坚持执行，直到他牢记在心，主动管理自己的日常生活。

☆ 树立责任和义务的榜样。"把垃圾袋一直提到汽车旁边的确很辛苦，但是我没有看到垃圾桶，而且我们永远不会乱丢垃圾。"通过你的示范作用，孩子可以学会承担责任。如果你不能兑现为孩子拿上学用的笔记本或者在星期六和他一起做游戏的承诺，那么他为什么要遵守诺言呢？

☆ 让孩子为损害的物品承担责任。如果孩子帮助赔偿丢失的图书馆图书或手机，他以后丢东西的可能性就会大幅降低。

☆ 孩子陷入困境后，不要匆忙提供帮助。帮助孩子解决问题，帮助他们克服情绪障碍和恐惧，确保他们不会回避困难。但是，在每个阶段提供帮助的同时，要让他们独立处理问题。

☆ 永远不要给孩子贴上不负责任的标签，即使在你的脑海中也不要这样做，我们对孩子的看法都是自我实现的预言。相反，我们应该教给他们承担责任所需的技能。例如，如果他经常丢东西，告诉他每次离开一个地方都要稍作停留，包括他朋友家、学校、足球场，然后逐一清点应该带回家的物品。

☆ 就像埃莉诺·罗斯福（Eleanor Roosevelt）所说的那样，告诉孩子，他们不仅拥有做人的权利，还拥有做人的义务。研究表明，在任何情况下承担责任的人，都愿意将自己视为与众不同、出类拔萃之人。你应该将孩子培养为这样的人。

培养良好判断力

没有人天生具有良好判断力和明智决策的能力，这些品质需要通过经验和思考才能培养起来。你的目标是，让孩子获得决策经验，确保他对决策结果进行思考。下面是具体做法：

☆ 熟能生巧。在孩子学会说话前便让他练习选择，这样他会更容易进行决策。（谁会在意衣服的条纹和花朵冲突？她看上去就像一道彩虹。如果别人没有想到是孩子自己穿的衣服，你也不会太在意他人对你照顾孩子的看法，是不是？）

☆ 了解孩子的控制幅度。理解他的决策权利，以及作为父母在哪些方面应该实施控制。“是的，我想你可以穿你的超人衣服，这一周你一直都在穿它。不过，在去教堂前，你必须换下来，因为在那里，我们必须穿正式服装，以示尊重。你还必须刷牙。你是希望现在做，还是等我们离家之前做？”

☆ 帮助孩子彻底思考，他的选择是否可能存在反复。“如果你再增加一项课后活动，是不是压力太大。”同样重要的是，为他提供机会，帮助他思考如何实施自己的决策，这是培养良好判断力的方法。“我知道，与两个孩子一起玩时，你感到有点儿担心。邀请克拉丽丝与你和埃莉一起玩，你是否高兴？”

☆ 决策示范。在孩子很小时，便让孩子了解制定决策的方式和原因。“我希望我们家能够帮助学校运送物资。所有孩子都应该得到良好教育，这是一种帮助方式。”

☆ 允许孩子制定错误决策。每个错误决策都是一个思考和发展良好判断力的机会。前提是，事后你要帮助孩子思考，如果采取不同选择，结果会有什么不同。你的孩子还在了解生活，他肯定会做出一些错误的决定。如果你能避免说“我早就告诉你了”，他就会更好地接受教训。

没有眼泪的家庭作业

教育专家阿尔菲 · 科恩（Alfie Kohn）提出了一个非常独特的观点，对于低年级的小学生来说，家庭作业不会真正改善他们的学习成绩。不幸的是，大多数孩子所在的学校，都会给他们留作业。学校希望父母确保孩子按时按量完成作业，没有完成作业的学生将受到惩罚。至少某些时候，父母会觉得鼓励孩子做作业是一个难题，这并不奇怪。对于他们来说，作业是一件讨厌的事情，他们无法理解作业的价值。某些作业应该在课堂上完成，孩子必须从做作业中获得某种满足感。我们应该怎么办？我们应该将做作业确定为一项日常活动，让孩子为出色完成作业感到自豪。下面是具体做法：

☆ 了解情况。“你今天晚上有什么作业？”每天都要这样询问。如果你不关心他们的学习，孩子不会重视家庭作业。有时，孩子需要在你的帮助下才能理解作业。因此，你可以避免睡觉前孩子需要重新做作业的痛苦。我并不是建议，你扮演老师角色，批改孩子的作业。相反，你应该了解孩子的作业内容，鼓励他全部完成。这样，你还可以帮助孩子安排时间，管理一段时间内的各种活动。

☆ **让家庭作业成为例行活动。**家庭作业还能让孩子掌握一种重要技能，坐下来耐心处理棘手的任务。和所有孩子一样，如果每天有固定作业时间，能够收到最佳效果。积极的户外活动能够增加脑部血液流量，有助于孩子学习。因此，每天放学后你可以允许孩子玩一个小时，释放上学期间的压力，然后再开始做作业。对于难以适应这种过渡的孩子来说，可以首先完成作业。如果将作业推迟到晚饭之后，孩子已经疲惫，会产生不利效果。这种安排不利于他们集中精力，也不会收到最佳效果。

☆ **要知道，孩子经常希望得到你的帮助，才能更好地完成作业。**利用情绪引导章节提供的工具帮助孩子，让他克服恐惧和挫折感，将精力放在作业上。

☆ **让孩子在相对封闭的空间做作业，但不要选择他自己的房间。**让孩子靠近你，有助于让他们集中精力。对于大多数孩子来说，在餐厅桌子上或靠近你的休息室桌子上做作业，能够收到最佳效果。要能及时回答孩子的问题，但是不要打断他的思路，或者在他旁边打电话。你可以和他坐在一起，促使他专心学习。你也可以处理自己的文件，但始终要关注孩子。

☆ **在孩子做作业时，避免使用电子设备。**即使你很喜欢其中的节目，也要关掉电视和收音机，以便最大程度地消除干扰。年龄稍大以后，孩子会利用计算机做作业。由于操作不熟练，可能对他们和父母造成干扰。尽可能推迟这一情况的出现，至少要等孩子能主动做作业时，才能允许他使用计算机。

☆ **提供尽可能多的必要帮助，但不要越俎代庖。**父母们经常问，应

当我们说“小心”时，我们并不是在传递关爱信息，尽管我们是这样想的。我们在向他们暗示，这个世界并不安全，我们对孩子没有信心。

该为孩子提供多少帮助。我的建议是，尽可能少地干涉，尽可能多地提供必要帮助，直到孩子成功掌握学习内容。当然，我并不是说，要你为孩子“做”作业。相反，你应该为他提供所有必要的脚手架支持，直至他能够自己处理作业。例如，你可以帮助孩子学习单词拼写，每周对他进行测试，直至他自己掌握这项技能。如有必要，在7岁的孩子刚刚接触单词拼写时，你可以陪他每个单词写10遍。拼写并非一项有趣工作，但是随着难度越来越小，他便可以自己集中精力完成任务。我们的任务是，向孩子提供必要支持，帮助他养成某种必要行为，促使他相信自己可以取得成功，而不是一个总是失败的孩子。每个孩子都渴望成功，但是如果我们不支持他们做到最好，他们很有可能认为自己的确做不到。

相信你的孩子和自然的力量

在本章，我始终提醒父母，我们自己的焦虑可能阻碍孩子发展自主性。那么，你需要如何管理自己的焦虑呢？担心孩子是很自然的事情。这是父母的职责所在。当我们说“小心”时，我们并不是在传递关爱信息，尽管我们是这样想的。我们在向他们暗示：这个世界并不安全，我们对孩子没有信心。你能不能这样说，“祝你愉快”？你可不可以靠近攀岩墙，看着他说，“哇，你爬得真高”？

研究表明，焦虑较多的人并不会获得更为深刻的认识，或者更善于解决问题。他们只是让自己变得更不开心。焦虑是大脑试图保护我们的一种思维方式，实际却在以消极方式组织我们的潜意识。潜意识以图像方式思考，无论我们说什么，它都会相信。因此，我们头脑中浮现的所有焦虑思想，实际是在告诉潜意识，鼓励它创造相应情节。至少，这些焦虑思想会刺激恐惧和压力情绪，阻止我们成为平和父母。如果我们每次都向孩子灌输焦虑信息，他们就很难从事必要的探索活动，而这些活动正是培养自主性所必不可少的。

你是否希望戒除焦虑习惯，重新塑造潜意识，获得幸福感？

☆ 当你的思想进入焦虑状态时，都要予以关注。每次当你注意到自己开始为某事焦虑时，都要暂时停下来，深呼吸。将手往外甩，赶走恐惧感。

☆ 为自己打气。

⊙“孩子需要探索和试验。”

⊙“这个风险很小……他摔倒了也没有关系。”

⊙“我没有必要苛求完美。我的孩子不会有事，即使我犯了错，也没有问题。”

⊙“不会有事，他不会有事。”

⊙“他的行为像个孩子，因为他就是个孩子。”

☆ 重新组织你的潜意识。一边用语言为自己打气，一边向潜意识描绘一幅你向往的景象，包括孩子可爱的笑脸，安稳骑自行车的身影，或者坐在浴盆中快乐洒水的样子。不要为现在如何达到目标而担心，这会让你的焦虑混杂进来，再次引发恐惧。相反，要为你的景象赋予快乐和感恩品质。你保持这种感觉和景象的时间越长，你的潜意识就能设法更快地帮助你创造这种心态。一天之中多次回想这种景象，每次都要伴随快乐和感恩。

☆ 采取行动。询问自己，“现在（或今天），我能做一件什么事情，使这种积极结果发生的可能性更大一些？”然后，马上行动。这是这种技巧与积极思考存在区别的地方。知道应该采取什么行动，会改善我们的内心感受。但是，我们必须执行这种行动，才能真正改变我们的生活。

每次当焦虑浮现在你的脑海时，都要重复这些步骤。我们的意识经常重复某些固定的模式，就像塑胶唱片上的凹槽一样。每次当你打断一种焦虑思绪，向潜意识发送一幅快乐的景象时，你都会在自己的意识中刻画一条新的通道，那是一条取代焦虑的快乐通道。不久，你就会发现自己已经进入了一个全新境界，看到自己的孩子走在你的前方，正在快乐地跳跃。

后 记

何时寻求专业帮助？

许多父母经常问我，他们的孩子是否需要专业帮助。虽然情况千差万别，但是答案都取决于孩子满足与其年龄相符人生要求的状况。如果孩子的焦虑非常强烈，以至无法正常上学，他就需要专家进行评估指导。如果他极具攻击性，每次与人玩耍都会以打斗结束，他就需要帮助。

通常，父母只需阅读一本好书，接受一些专家指导，就可以有效地自行指导自己的孩子。我曾经见过，有些父母教育孩子的方式比专家还要有效。但是有时，父母的焦虑阻碍了他们的教育效果，孩子最好接受热情而公正的专业人士的帮助。当然，有时孩子必须接受专业帮助，甚至医学治疗，这些也是非常重要的。

如果你已经心力交瘁，可以为自己制订一个计划，进行有益的尝试。但是，一定要牢记，某些情况下，早期干预非常重要。例如，如果你的孩子患有感觉功能障碍，在孩子 3 至 4 岁大脑成形期间获得帮助非常重要，不要等问题越来越严重，贻误时机。因此，要与自己达成一个约定，一段时间之后，对孩子重新评估，如有必要，必须寻求专业人士的帮助。

即使你的孩子接受了医疗和专业指导，你也必须向孩子提供支持，这是任何专家所无法做到的。你必须明白，你的孩子是活生生的人，而不是一堆问题的简单堆砌。你与他存在特殊的亲密联结，世界上的任何其他人都无法做到。无论你为孩子提供何种支持，帮助他们克服何种生活挑战，你的爱都是核心要素。永远不要低估父母之爱的威力。

未来在你手中

没有人可以回到过去，重新开始。但是，任何人都可以从今天开始，创造一个新的结果。

——玛丽亚·罗宾森（Maria Robinson）

当你的孩子回顾过去时，那将是他记忆中的童年。这些记忆是他在这个世界中获得成就的基础。当然，孩子可能不会记得我们对他们说过什么。让他们的生活变得五彩斑斓的记忆，决定了他们的感受。他们必将体验这些感受，每天都会体验。

今天，你是否希望回顾一下自己为孩子创造的财富？

1. 闭上双眼，想象你的孩子已经长大。他十分快乐，阳光而健康。

2. 现在，想象你的孩子在抚养他们自己的孩子——你的孙辈。你是否看到，你的孙辈都很快乐、健康？那是因为，你的孩子是非常出色的父母。那是因为，你为自己孩子铺下了一条光明大道。

3. 下次，当你的孩子再次遭遇障碍时，请你重新回顾这种感受。想象你的孩子，你的孙辈，他们的孩子，以及孩子的孩子。他们都在茁壮成长，他们都在心存感激地向你微笑。

致谢

我很高兴能有机会在更大范围内分享育儿理念，为父母和儿童提供支持。没有成千上万人的支持，本书是不可能写成的，包括Perigee团队、同领域我的同事，以及我的读者——无数辛勤劳作的父母，每天早晨，他们都要尽力为自己的孩子筹划安排。请允许我向你们致以深深的敬意。

《父母平和 孩子快乐》的问世，离不开两位专业人士的帮助：

丽贝卡·弗里德曼（Rebecca Friedman），我的文稿代理人，她告诉我，广大父母需要从更深层次了解我的育儿方法，这是我的博客所无法做到的。因此，她鼓励我写作本书。自始至终，她都是一位难得的顾问、热情的咨询师和良师益友。

玛丽安·里奇（Marian Lizzi），Perigee编辑，她冒着风险接受了这个写作题材，令其他编辑惊讶不已。她对我杂乱无章的文稿进行了精心整理，提炼成一本有组织、有条理的著作。她是所有作家值得合作的一位出色编辑：她是一位目光敏锐的读者、技艺娴熟的编辑、善于倾听的朋友、精干高效的对话者、鼓舞士气的拉拉队长、一个非常可爱可敬的人。

我还有感谢Perigee的工作人员，他们是真正的幕后英雄。他们接过我提交的Word文档，以极大的耐心，付出了艰辛的努力，最终本书才能与读者见面。

每天，无数父母都在与我交流育儿心得，让我受益匪浅。谢谢大家！我要大声感谢我的所有博客和通讯读者。由于你们对孩子无私的爱，无所保留地敞开你们的心扉和思想，源源不断地关爱和认可，我才能不知疲倦地工作。

感谢百忙之中抽出时间阅读我的初稿的母亲们，你们为我提供了热情的帮助和真挚的反馈。这些母亲包括：珍妮弗（Jennifer）、史黛西（Stacy）、克里斯蒂娜（Kristina）、莉蒂西亚（Letitia）、莎拉（Sarah）、罗琳（Lorraine）、伊莱恩（Elaine）、黛德丽（Deidre）、邦尼（Bonnie）、维多利亚（Victoria）、劳拉（Laura）、艾米莉（Emily）、卡丽莎（Karissa）、萨亚尔（Sejal）、劳拉（Laura）、戴安（Diane）、珍妮特（Jeannette）、曼蒂（Mandy）、凯茜（Cathy）、金伯莉（Kimberlee）、南希（Nancy）和桑德拉（Sandra）。正是你们的帮助，本书才能为父母提供更多帮助，我永远感激你们。

感谢我的父亲爱默生（Emerson），他为我提供了众多图书，教我如何娱乐；感谢我的母亲琼（Joan），她教给我如何与他人沟通，如何更加出色地工作。感谢你们将我带到这个世界，并鼓励我改造它。

感谢我的孩子爱丽丝（Alice）和埃莉（Eli）。你们教给了我大部分育儿技能和许多经典理论，你们有能力让所有父母感到骄傲，你们改变了我的生活。谢谢你们。

感谢我的丈夫丹尼尔·坎托尔（Daniel Cantor）。你是我最忠诚的粉丝，给了我最多的关爱、支持和鼓励。没有你，我可能永远不会写作本书。感谢你与我度过的每一天。

最后，感谢本领域过去和现在众多给我以引导的著名思想家。没有你们，我对世界的微薄贡献永远不会实现。我永远无法充分表达对他们的真挚谢意，因此在后面的延伸阅读部分，我愿意将他们的著作介绍给众多读者，希望大家从中获得更多灵感和启迪。

延伸阅读

约翰 · 鲍比（John Bowlby）的二人《依恋和迷失》（*Attachment and Loss*），这部关于依恋的巨著将我首次引进了育儿这片神圣的领域。琼·莱德洛芙（Jean Liedloff）《原动人生》（*The Continuum Concept*），以及玛丽·安斯沃斯（Mary Ainsworth）、杰伊 · 贝尔斯基（Jay Belsky）、玛丽 · 梅恩（Mary Main）和戈登·诺伊费尔德（Gordon Neufeld）《紧握孩子的双手》（*Hold On to Your Kids*），使我进一步了解了亲子关系。

情绪问题是现有育儿著作未曾涉猎的空白区域，我对这方面的思考主要受益于丹尼尔 · 戈尔曼（Daniel Goleman）《情商》（*Emotional Intelligence*）、约翰·戈特曼（John Gottman）《养育高情商孩子》（*Raising an Emotionally Intelligent Child*）、约瑟夫 · 莱杜克斯（Joseph Ledoux）《情绪大脑》（*The Emotional Brain*）、彼得 · 列文（Peter Levine）《未曾言说的声音》（*In an Unspoken Voice*）、阿莱莎 · 索尔特（Aletha Solter）《意识婴儿》（*The Aware Baby*）和帕蒂 ·惠芙勒（Patty Wipfler, Handinhandparenting.org 网站创始人）等。

上研究生时，在我的导师劳伦斯 · 阿伯（Lawrence Aber）和阿丽艾塔 · 斯莱德（Arietta Slade）的指导下，以及我的偶像丹 · 西格尔（Dan Siegel）与玛丽 · 哈策尔（Mary Hartzell）合著的《由内而外的儿童教育》（*Parenting from the Inside Out*）、与蒂娜 · 佩恩 · 布赖森（Tina Payne Bryson）合著的《心智健全的儿童》（*The Whole-Brain Child*）的引导下，我开始意识到，父母可以改善自己的心态，不再将昔日的创伤转移给自己的孩子。

艾伦·斯霍勒（Allan Schore）的《情绪调整和自我起源》（*Affect Regulation and the Origin of the Self*）、亚伦·斯鲁弗（Alan Sroufe）和苏·格哈特（Sue Gerhardt）合著的《爱的重要性》（*Why Love Matters*），以及露丝·牛顿（Ruth Newton）的《依恋联结》（*The Attachment Connection*），让我了解了众多大脑发育的知识。

玛格达·戈贝尔（Magda Gerber）的《你的自信小宝贝》（*Your Self-Confident Baby*）、爱德华·哈洛韦尔（Edward Hallowell）《成人幸福的童年根基》（*The Childhood Roots of Adult Happiness*）和米哈里·契克森米哈（Mihály Csíkszentmihályi）的《涌流》（*Flow*），激励我深入思考了儿童自主性问题问题。

在弗吉尼亚·阿克斯莱（Virginia Axline）《自我探索的权利》（*Dibs in Search of Self*）的启示下，我开始理解了娱乐的功效。劳伦斯·科恩（Lawrence Cohen）的《娱乐育儿》（*Playful Parenting*）、安东尼·T.德韦内德特（Anthony T. DeBenedet）的《亲子游戏》（*Roughhousing*）、奥·弗莱德·唐纳森（O. Fred Donaldson）的《真心娱乐》（*Playing by Heart*）、约瑟夫·契尔顿·皮尔斯（Joseph Chilton Pearce）的《神奇儿童》（*Magical Child*）和帕蒂·惠芙勒以其对游戏功效的直观认识，进一步激励了我。

育儿同行的真知灼见让我受益匪浅，没有他们的研究，我不可能获得今天的成绩。我们处于一波伟大的浪潮之中，它使整个社会改变了对儿童的认识。它的首要前提是，孩子是活生生的人，从一出生他们就一直在帮助我们探索。太多同行做了突出贡献，在此，我只能重点介绍几位。内奥米·阿尔多特（Naomi Aldort）《教育孩子，修养自己》（*Raising Our Children,Raising Ourselves*）、朱蒂 · 阿尔诺（Judy Arnall）《无痛育儿》（*Discipline Without Distress*）、贝基·贝利（Becky Bailey）《爱之易，戒之难》（*Easy to Love,Difficult to Discipline*）、桑迪·布莱克沃德（Sandy

Blackard)《倾听的语言》(*Language of Listening*)、蒂娜·佩恩·布莱森(Tina Payne Bryson)和克里斯汀·卡特(Christine Carter)二人的《养育快乐》(*Raising Happiness*)、克劳迪娅·格德(Claudia Gold)《心系孩子》(*Keeping Your Child in Mind*)、拉宾·格里尔(Robin Grille)《为平和世界教育子女》(*Parenting for a Peaceful World*)、鲁·汉尼森(Lu Hanessian)《宝贝掌舵》(*Let the Baby Drive*)、邦尼·哈里斯(Bonnie Harris)《当孩子激怒你的时候》(*When Your Kids Push Your Buttons*)、玛丽·哈策尔(Mary Hartzell)和詹·亨特(Jan Hunt)合著的《自然儿童》(*The Natural Child*)、玛丽·席迪·柯尔辛卡(Mary Sheedy Kurcinka)《儿童精神教育》(*Raising Your Spirited Child*)、凯瑟琳·科瓦尔兹(Kathryn Kvols)《儿童行为引导》(*Redirecting Children's Behavior*)、简·尼尔森(Jane Nelsen)《积极训导》(*Positive Discipline*)、伊丽莎白·潘特利(Elizabeth Pantley)《没有泪水的睡眠窍门》(*The No-Cry Sleep Solution*)和南希·萨曼琳(Nancy Samalin)《关爱和愤怒》(*Love and Anger*)。

我必须感谢育儿教育工作者/博客作家爱心群体，他们每天都在给我以启迪。没有他们，这个致谢列表就是不完整的。特别感谢贝基·埃亚内斯(Becky Eanes)《积极育儿》(*Positive Parenting*)、阿里阿德涅·布里尔(Ariadne Brill)《积极育儿与亲子关系》(*Positive Parenting Connection*)、戴奥娜·福特(Dionna Ford)《代号妈妈，亲子网络》(*CodeNameMama, Natural Parents Network*)、汤姆·霍布森(Tom Hobson)《汤姆老师》(*Teacher Tom*)、L.R. 卡斯特(L. R. Knost)《小小的心灵之书》(*Little Hearts Books*)、珍妮特·兰斯伯里(Janet Lansbury)《提升育儿》(*Elevating Childcare*)、珍妮弗·利尔(Jennifer Lehr)《干得好》(*Good Job*)、斯科特·诺埃尔(Scott Noelle)《日常节奏》(*Daily Groove*)、洛里·佩罗(Lori Petro)《从爱而教》(*Teach Through Love*)、莱斯利·波特(Leslie Potter)《纯粹喜悦的育儿》(*PureJoy Parenting*)、金伯利·普莱斯(Kimberley Price)《单一危机》(*The Single Crunch*)、劳拉·舒

尔维根（Laura Schuerwegen）《真正的育儿》（*Authentic Parenting*）、吉纳维芙·西姆博林海姆（Genevieve Simperingham）《平和父母之路》（*The Way of the Peaceful Parent*）、丽莎·森伯里（Lisa Sunbury）《关于婴儿》（*Regarding Baby*）、吉尔·康奈尔（Gill Connell）《现在开始智慧养育》（*Moving Smart Now*）和劳拉·韦恩（Lauren Wayne）《流浪汉妈妈》（*HoboMama*）。

此外，还有还有一些创始者，他们需要我的特别鸣谢，他们为我照亮了前进的道路：

海姆·吉诺（Haim Ginott）《父母与孩子》（*Between Parent and Child*），他的著作最早通过托马斯·戈登（Thomas Gordon）《育儿有效训练》（*Parent Effectiveness Training*）被人熟知，然后又由阿黛尔·法伯（Adele Faber）和伊莱恩·玛兹丽施（Elaine Mazlish）《如何说孩子才会听，怎么听孩子才肯说》（*How to Talk So Kids Will Listen& Listen So Kids Will Talk*）进行了介绍。

西奥多·德雷克斯（Theodore Dreikurs），提出了训导和激励孩子的一种新方法；阿尔菲·科恩（Alfie Kohn），则提出了向传统训导方式挑战的研究成果。

帕姆·利奥（Pam Leo），将依恋进一步上升为“联结育儿”理念。

佩吉·奥玛拉（Peggy O’Mara），为我们提供了一种社会合力，创建了 *Mothering* 杂志。

感谢威廉·希尔斯博士（Dr. William Sears）、杰伊·戈登博士（Dr. Jay Gordon）、丽莎·帕克（Lysa Parker）和芭芭拉·尼克尔森（Barbara Nicholson）（《内心依恋》[*Attached at the Heart*] 的作者），以及亲密育儿国际协会的所有工作人员，他们提出了亲密育儿理论，并帮助我运用于实践，积极推进响应育儿和安全依恋理念。

感谢你们所做的先期工作，使我得以沿着你们开辟的光明大道顺利前行。

注释

1　平和父母培养快乐儿童

1. 本尼迪克特·凯里（Benedict Carey），《莲花疗法》，《纽约时报》（*New York Times*），2008 年 5 月 27 日。

2. 莎伦·萨兹伯格（Sharon Salzberg），《真正的幸福：冥想的力量》（*Real Happiness: The Power of Meditation*），Workman出版社，2010年，第107页。

3. 丹·西格尔（Daniel Seigel）和玛丽·哈策尔（Mary Hartzell），《由内而外的育儿》（*Parenting from the Inside Out*），Tarcher 出版社，2004 年。

2　平和父母和快乐儿童的精髓

1. 苏·格哈特（Sue Gerhardt），《爱的重要性》（*Why Love Matters*），Routledge 出版社，2009 年，第 37 页。

2. 艾伦·N. 斯霍勒（Allan N. Schore），《依恋和早期个性组织神经生物学》，《产前和围产期心理健康》杂志（*Journal of Prenatal and Perinatal Psychology and Health*），2002 年第 16 期第 3 卷，第 258 页。

3. L. 洛贝（L. Luby）、D. M. 巴克（D. M. Barch）、A. 贝尔登（A. Belden）、M. S. 杰弗里（M. S. Gaffrey）、R. 蒂尔曼（R. Tillman）、C. 巴布（C. Babb）、T. 奈史诺（T. Nishino）、H. 铃木（H. Suzuki）、K. N. 贝特林（K. N. Botteron），《童年早期有母亲的支持，能确保孩子在小学期间具有更大的海马体体积》，《美国国家科学院院刊》（*Proceedings of the National Academy of Sciences*），2012 年。

www.pnas.org/content/early/2012/01/24/1118003109.

4.E. Z. 特罗尼克（E. Z. Tronick）和 J. F. 科恩（J. F. Cohn），《婴儿与母亲的面对面交流：合作与不合作现象的年龄和性别差异》，《儿童发育》（*Child Development*），1989 年第 60 期，第 85–92 页。

5.NICHD 儿童早期护理研究网，《24 个月和 36 个月儿童早期护理和自我控制，服从和问题行为》，《儿童发育》，1998 年第 69 期，第 1145–1170 页。

6.NICHD 儿童早期护理研究网，《36 个月产妇慢性抑郁症、产妇敏感和儿童功能》，《发展心理学》（*Developmental Psychology*），1999 年第 35 期，第 1297–1310 页。

3 培养孩子的自我管理：情绪引导

1. 丹尼尔·戈尔曼（Daniel Goleman），《情商为什么比智商更重要？》（*Emotional Intelligence:Why It Can Matter More Than IQ*），Bantam 出版社，2006 年。

2.W. 米德尔米斯（W. Middlemiss）、D. A. 格兰杰（D. A. Granger）、W. A. 戈德堡（W. A. Goldberg）、L. 内森斯（L. Nathans），《睡眠过渡期，婴儿终止啼哭反应出婴儿下脑丘—垂体—肾上腺轴线活动异步性》，《人类早期发育》（*Early Human Development*），2012 年第 88 期，第 227–232 页。

3. A. N. 斯霍勒（A. N. Schore），《眶前额叶皮层经验，依赖关系成熟和发育心理学起源》，《发育和精神病理学》（*Development and Psychopathology*），1996 年第 8 期，第 59–87 页。

4. E. Z. 特罗尼克和 J. F. 科恩，《母婴面对面交流：合作与不合作的年龄和性别差异》，《儿童发育》，1989 年第 60 期，第 85–92 页。

5. E. M. 里克斯（E. M. Leerkes）、A. N. 布莱克森（A. N. Blankson）、M. 奥布莱恩（M. O'Brien），《母亲对婴儿痛苦和非痛苦敏感度的社会和情绪功能影响》，《儿童发育》，2009 年第 80 期，第 762–775 页。

6. A. 贾尼诺（A. Gianino）和E. Z. 特罗尼克，《相互调整模型：婴儿的自我和人际调整处理和防御》，收录于 T. 菲尔德（T. Field）、T. 麦凯布（T. McCabe）和 N. 施耐德曼（N. Schneiderman）合编的《压力和处理》（*Stress and Coping*）中，Erlbaum 出版社，1988 年，第 47–68 页。

7. 乔安娜 · 马塞尔可（Joanna Maselko），《母亲对 8 个月大的婴儿护理，对其成年后情感痛苦的影响》，《流行病学和社会医疗杂志》（*Journal of Epidemiology and Community Health*），2010 年。

http://jech.bmj.com/content/early/2010/07/07/jech.2009.097873.abstract.

8. 莉莎·J. 伯林（Lisa J. Berlin）、J. M. 艾碧莎（J. M. Ipsa）、M. A. 法恩（M. A. Fine）、P. S. 马龙（P. S. Malone）、J. 布鲁克斯 – 耿氏（J. Brooks-Gunn）、C. 德布拉西 – 史密斯（C. Bracy-Smith）、C. 阿尤布（C. Ayoub）和 Y. 白（Y. Bai），《低收入白人、黑人和墨西哥裔美国家庭学步期儿童遭受掌掴和口头惩罚的影响和后果》，《儿童发育》，2009 年第 80 期，第 1403–1420 页。

9. 艾伦 · 斯霍勒（Allan Schore），《关爱异常和自我紊乱》（*Affect Dysregulation and Disorders of the Self*），Norton 出版社，2003 年。

10. 苏·格哈特，《爱的重要性》，Routledge 出版社，2009 年，第 37 页。

11. 劳伦斯·J. 科恩（Lawrence J. Cohen）和安东尼·T. 德比尼特（Anthony T. DeBenedet）《家庭游戏的艺术：为什么每个孩子都需要优良的传统家庭游戏》（*The Art of Roughhousing: Good Old-Fashioned Horseplay and Why Every Kid Needs It*），Quirk 出版社，2011 年。

12. 劳伦斯 · J. 科恩，《游戏力》（*Playful Parenting*），Ballantine 出版社，2002 年。

4 教育有表现欲的孩子：不敢训诫

1. 伊格内修斯 · J. 托纳（Ignatius J. Toner），《幼儿惩罚和非惩罚性训诫及后续规则》,《儿童护理季刊》(*Child Care Quarterly*),1986 年第 15 期,第 27–37 页。

2. 莉莎·J. 伯林、J. M. 艾碧莎、M. A. 法恩、P. S. 马龙、J. 布鲁克斯–耿氏、C. 德布拉西–史密斯、C. 阿尤布和 Y. 白,《低收入白人、黑人和墨西哥裔美国家庭学步期儿童遭受掌掴和口头惩罚的影响和后果》,《儿童发育》,2009 年第 80 期,第 1403–1420 页。

3. 阿尔菲·科恩(Alfie Kohn),《无条件养育》(*Unconditional Parenting*),Atria 出版社,2005 年,第 70 页。

4. 阿尔菲·科恩,《无条件养育》。

5. 莉莎·J. 伯林等,《影响和后果》。

6. 芭芭拉·艾丽娅(Barbara Aria),《如何说不(避免说不)》,《红皮书》(*Redbook*)。

www.redbookmag.com/kids–family/advice/how–to–say–no.

7.H. L. 本德(H. L. Bender)、J. P. 艾伦(J. P. Allen)、K. B. 麦克尔哈尼(K. B. McElhaney)、J. 安东尼沙克(J. Antonishak)、C. M. 摩尔(C. M. Moore)、H. O. 凯利(H. O. Kelly)、S. M. 戴维斯(S. M. Davis),《青春期孩子严厉体罚和发育影响》,《发育和精神病理学》,2007 年第 19 期,第 227–231 页。

8.E. T. 葛思福(E. T. Gershoff),《父母对孩子的体罚和孩子的行为与经历:荟萃分析和理论评估案例》,《心理学公报》(*Psychological Bulletin*),2002 年第 128 期,第 539–579 页。

9.J. 达兰特(J. Durrant)和 R. 伊森(R. Ensom),《儿童体罚:20 年研究的经验教训》,《加拿大医学协会杂志》(*Canadian Medical Association Journal*),第 101314 期,2012 年 2 月 6 日印刷前出版。

图书在版编目（CIP）数据

父母平和 孩子快乐：如何停止吼叫，与孩子建立理想关系 /（美）马卡姆著；刘海青译．-- 上海：上海社会科学院出版社，2014

书名原文：Peaceful parent, happy kids：how to stop yelling and start connecting

ISBN 978-7-5520-0481-6

Ⅰ．①父… Ⅱ．①马… ②刘… Ⅲ．①儿童教育—家庭教育 Ⅳ．①G78

中国版本图书馆 CIP 数据核字（2013）第 290590 号

父母平和 孩子快乐：如何停止吼叫，与孩子建立理想关系

著　　者：［美］劳拉·马卡姆

译　　者：刘海青

策划编辑：唐云松

责任编辑：李　慧

封面设计：主语设计

出版发行：上海社会科学院出版社

上海淮海中路 622 弄 7 号　电话 63875741　邮编 200020

http: //www. sassp.org.cn　E-mail: sassp@sass.org.cn

经　　销：新华书店

印　　刷：北京金瀑印刷有限责任公司

开　　本：710 × 1000 毫米　1/16 开

印　　张：17

字　　数：170 千字

版　　次：2014 年 1 月第 1 版　2015 年 7 月第 2 次印刷

ISBN 978-7-5520-0481-6/G·299　　定价：32.80 元